Paris
1832

Kleist, Henry de

Soirées Allemandes

première série, contes de Henry de Kleist

Tome 2

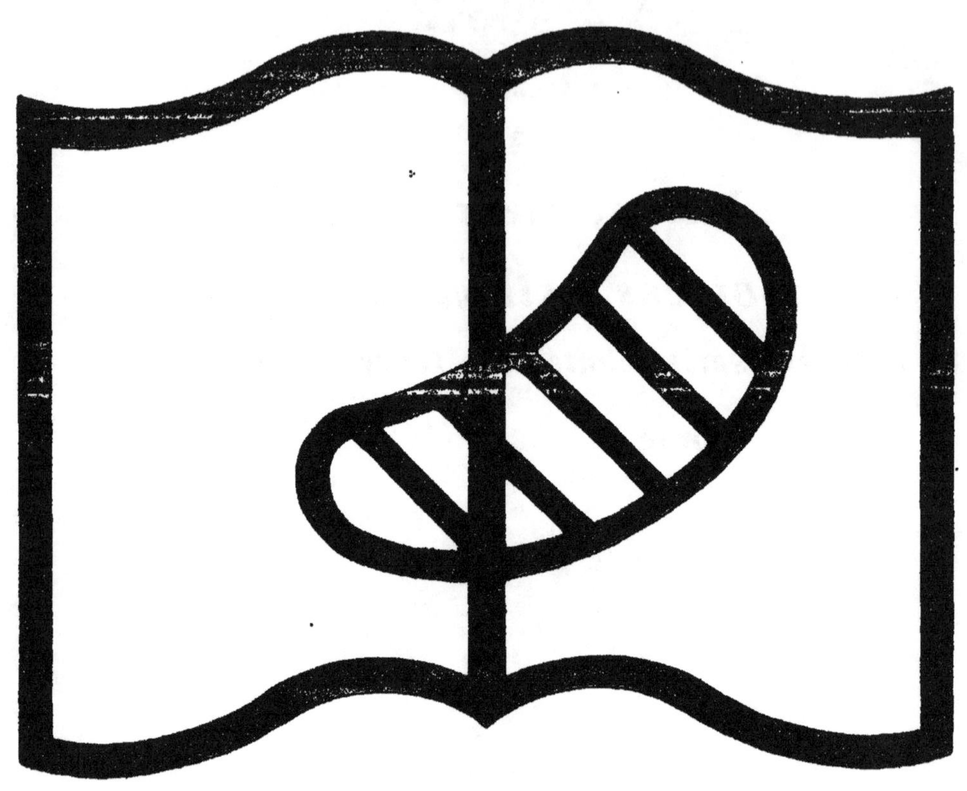

Symbole applicable
pour tout, ou partie
des documents microfilmés

Original illisible

NF Z 43-120-10

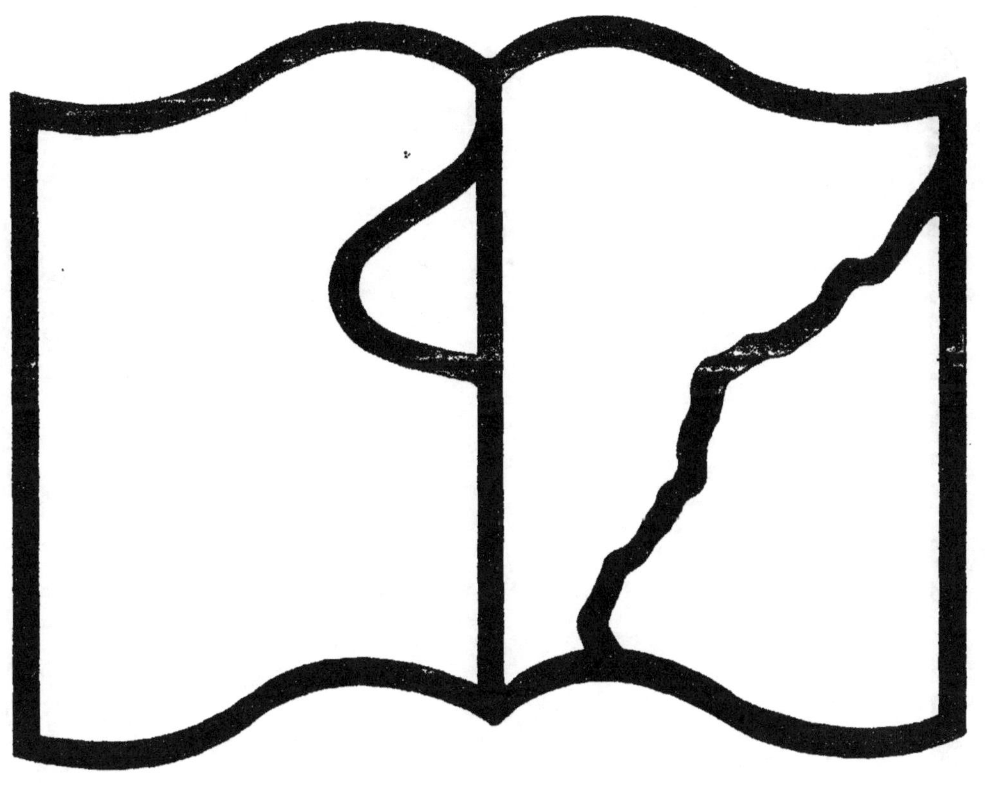

Symbole applicable
pour tout, ou partie
des documents microfilmés

Texte détérioré — reliure défectueuse

NF Z 43-120-11

Soirées ALLEMANDES.

PREMIÈRE SÉRIE.

CONTES DE HENRY DE KLEIST,

TRADUITS DE L'ALLEMAND
PAR A. I. ET J. CHERBULIEZ.

Tome deuxième.

PARIS,
AB. CHERBULIEZ, LIBRAIRE,
RUE DE SEINE-S.-GERMAIN, N° 57.
GENÈVE, MÊME MAISON.

1832

SOIRÉES ALLEMANDES.

PARIS, IMPRIMERIE DE DECOURCHANT,
Rue d'Erfurth, n° 1 près de l'Abbaye.

Soirées ALLEMANDES.

PREMIÈRE SÉRIE.

CONTES DE HENRY DE KLEIST,

TRADUITS DE L'ALLEMAND

PAR A. I. ET J. CHERBULIEZ.

Tome second.

PARIS,

AB. CHERBULIEZ, LIBRAIRE,

RUE DE SEINE-S.-GERMAIN, N° 57.

GENÈVE, MÊME MAISON.

1832

MICHEL KOHLHAAS.

CHAPITRE VII.

Le comte Aloyse de Kallheim, possesseur d'une vaste propriété sur les frontières de la Saxe, avait invité son gracieux seigneur à venir honorer de sa présence une grande partie de chasse à laquelle devait assister toute la cour. Des tentes dressées sur le penchant d'une colline au bord de la route de Dahne offraient un abri contre l'ardeur du soleil à la brillante société qui s'y réunissait pour se reposer des fatigues de la chasse, et pour y savourer, au son joyeux de mille instrumens, les douceurs d'un repas champêtre.

Le prince électeur, la poitrine à demi découverte, et le chapeau orné d'une branche verte, selon la mode des chasseurs, était nonchalamment assis à côté de dame Héloïse, la femme du chambellan Hanz, qui quelques années auparavant avait été l'objet de ses premières amours.

« Buvons à la santé du malheureux qui passe sur la grande route, quel qu'il puisse être, » dit-il à la noble dame en lui présentant une coupe, et lui montrant la voiture escortée de cavaliers qui passait lentement le long des tentes.

Dame Héloïse, jetant sur lui un regard plein d'admiration et de respect, se leva pour répondre à son invitation, lorsque le comte de Kallheim s'approcha d'un air embarrassé, et dit en balbutiant que l'homme qui passait en voiture n'était autre que Michel Kohlhaas. Tout le monde fut étonné, parce que l'on savait qu'il avait quitté Dresde six jours auparavant.

Le chambellan se hâta de renverser sa coupe sur la terre, et le prince posa la sienne en rougissant.

Le chevalier de Malzahn ayant salué avec respect la compagnie qu'il ne connaissait pas, les convives reprirent le cours de leurs plaisirs, sans s'inquiéter davantage de l'infortuné maquignon, dont le voyage avait été si fort prolongé par la maladie d'un de ses enfans.

Vers le soir, toute la société s'étant

dispersée pour jouir du spectacle d'un cerf aux abois, dame Héloïse, appuyée sur le bras du prince, s'égara jusqu'à la chaumière où Kohlhaas et son escorte s'étaient arrêtés pour la nuit. Dame Héloïse, très-curieuse de connaître cet homme extraordinaire, entraîna le prince en l'assurant qu'il était méconnaissable dans ses habits de chasse. Celui-ci, incapable de résister à ses instances, enfonça son chapeau sur ses yeux, et disant avec amour :«Folie, tu gouvernes le monde, et ton trône est la bouche d'une belle femme, » il entra avec elle dans la maison.

Kohlhaas, assis sur un tas de paille, le dos appuyé contre la muraille, tenait son enfant malade dans ses bras, et lui donnait à manger, lorsque la noble dame, s'approchant, lui adressa plusieurs questions, auxquelles il répondit d'une manière brève, mais satisfaisante.

Le prince, qui ne savait que lui dire, ayant remarqué un petit étui de plomb suspendu à son cou par un cordon de soie, lui demanda ce qu'il contenait.

« Cet étui, dit Kohlhaas, renferme un petit billet cacheté que je reçus d'une manière bien étrange, il y a environ six mois, lorsqu'après avoir quitté Kohlhaasenbruck pour marcher à la recherche du gentilhomme qui m'a fait tant de mal, comme vous le savez peut-être, je passai à Tuterbok. Le prince électeur de Saxe et le prince de Brandenbourg s'y trouvaient réunis. Un soir qu'ils se promenaient dans la ville pour jouir de la vue de la foire qui avait lieu en ce moment, ils virent une magicienne montée sur une banquette, prédisant l'avenir au peuple qui l'entourait. Ils lui demandèrent en plaisantant si elle n'avait rien à leur annoncer. J'étais trop loin pour entendre ce qui fut dit entre eux, et je montai sur un banc qui se trouvait derrière moi, moins par curiosité que pour faire place à ceux qui me poussaient.

» A peine fus-je dans cette position, qui m'exposait entièrement à la vue de cette femme, qu'elle descendit de sa banquette, s'élança vers moi au travers de la foule, et me remit ce petit billet cacheté, me disant que c'était une amulette que je devais conserver soigneusement, parce qu'elle me sauverait la vie.

» C'est sûrement à elle que je dois de n'avoir point péri à Dresde, et peut-être me préservera-t-elle encore à Berlin. »

A ces mots, le prince s'assit en pâlissant, et dame Héloïse lui demandant ce qu'il avait, il ne put répondre, et tomba sans connaissance avant qu'elle eût le temps de s'élancer à son côté et de le soutenir dans ses bras.

Des chasseurs le relevèrent et le mirent sur un lit. Le trouble fut à son comble lorsque le chambellan, qu'on avait envoyé chercher, après avoir fait toutes les tentatives pour le rappeler à la vie, dit qu'il semblait frappé de la foudre.

Il le fit transporter à pas lents jusqu'à la maison du comte de Kallheim, et le médecin, arrivé le lendemain matin, déclara qu'il avait tous les symptômes d'une fièvre nerveuse.

Dès qu'il fut mieux, sa première question concerna Kohlhaas. Le chambellan, se méprenant sur son sentiment, lui serra la main avec affection, et lui assura qu'il pouvait être parfaitement tranquille, cet homme devant être déjà hors de la Saxe; puis il lui demanda ce qu'avait pu lui dire Kohlhaas pour le jeter dans cet état.

Le prince lui parla de l'étui que portait le maquignon, et lui assura qu'il était la seule cause de tout son mal. Puis il le supplia, en lui saisissant la main, de lui faire avoir cet objet, dont la possession était pour lui de la plus grande importance.

Le chambellan, ne comprenant rien au désir de son maître, dit qu'il n'y avait aucun moyen de s'en emparer, Kohlhaas n'étant probablement plus en Saxe. Puis voyant que le prince se cachait avec désespoir dans ses coussins, il lui demanda ce que contenait cet étui et par quel hasard il en avait eu connaissance. Le prince, blessé de la froideur du chambellan, ne lui répondit point, et, les yeux fixés sur le mouchoir de poche qu'il tenait à la main, il lui ordonna d'appeler un jeune chasseur dont il s'était déjà souvent servi pour des commissions délicates.

Exposant à ce jeune homme toute l'importance qu'il attachait à la possession de l'étui de Kohlhaas, il lui demanda s'il voulait gagner un droit éternel à sa reconnaissance en cherchant à s'en rendre maître avant que Kohlhaas eût atteint Berlin.

Le chasseur, sans se laisser effrayer par la singularité de cette commission, l'assura qu'il était entièrement dévoué à son service.

Le prince lui remit une attestation de sa main par laquelle il offrait à Kohlhaas la liberté et la vie s'il voulait lui livrer le billet que contenait l'étui de plomb.

Ayant eu le bonheur d'atteindre Kohlhaas dans un village voisin de la frontière où il s'était arrêté pour dîner, le jeune homme trouva le moyen de s'introduire auprès de lui et de lui faire part des propositions du prince. Mais le maquignon, qui connaissait maintenant le nom et le rang du seigneur qui s'était trouvé mal à la vue de son amulette et à l'ouïe de son récit, répondit, avec beaucoup de calme, qu'il ne tenait plus à la vie et qu'il préférait garder le billet. « Le prince a pu me faire marcher à l'échafaud, ajouta-t-il, maintenant je puis à mon tour lui causer du chagrin, et j'en jouis. »

L'état du prince, à cette nouvelle, empira tellement, que le médecin desespéra de sauver ses jours. Cependant, grâce à la force de sa constitution, il se trouva au bout de quelques semaines convalescent et en état d'être conduit à Dresde.

Dès qu'il fut arrivé dans sa capitale,

il fit appeler le prince Christiern de Meissen et lui demanda où en était l'affaire du maquignon. Celui-ci lui répondit que le conseiller Eibenmayer était parti pour Vienne, selon ses ordres, dès l'arrivée du savant avocat que l'électeur de Brandenbourg avait envoyé à Dresde pour attaquer le gentilhomme au nom de Kohlhaas; et comme le prince montra du mécontentement de ce que l'on eût suivi ses ordres si ponctuellement, il ajouta que le conseiller s'était empressé d'accuser Kohlhaas, devant la cour de Vienne, d'avoir troublé la paix du royaume, afin de prévenir la condamnation qui était près d'accabler le gentilhomme de Tronka.

L'électeur, se tournant pour cacher au prince Christiern ce qui se passait dans son âme, avoua qu'il n'avait rien à redire à cela; et après lui avoir demandé avec indifférence ce qui s'était passé dans la ville pendant son absence, il le congédia.

Le même jour il écrivit à l'empereur une lettre particulière pour le supplier de la manière la plus persuasive, pour des raisons qu'il lui dirait plus tard, de vouloir bien lui faire la grâce d'ajourner le procès de Kohlhaas.

L'empereur lui répondit que le changement survenu dans ses désirs l'étonnait au-delà de toute expression; mais que le maquignon étant cité au tribunal de l'empire comme perturbateur de l'ordre établi, lui, qui en était le chef, l'avait déclaré digne de toute la sévérité des lois, et qu'il venait d'envoyer l'assesseur de la cour, Franz Muller, à Berlin, pour faire accomplir son jugement.

Cette lettre abattit entièrement le

courage du prince, et il perdit tout espoir en recevant la nouvelle que Kohlhaas avait été condamné à mourir sur l'échafaud. Ne pouvant supporter l'idée de perdre à jamais cet homme, il écrivit au prince de Brandenbourg qu'il ne comprenait pas que le maquignon fût condamné à mort. Il l'assurait que, malgré la sévérité avec laquelle il avait été traité en Saxe, il n'avait jamais eu l'intention de le faire mourir, et qu'il serait inconsolable si la faveur qu'il croyait lui avoir accordée en consentant à ce qu'il fût jugé à Berlin, le conduisait à un sort plus funeste.

L'électeur de Brandenbourg lui répondit que l'intervention de l'empereur dans cette affaire ne lui permettait plus d'adoucir le sort de Kohlhaas, et que les progrès de Nagelschmidt, dont les forces augmentaient chaque jour, en menaçant le Brandenbourg, rendaient nécessaire et désirable un acte de sévérité contre l'infortuné maquignon.

Le prince, accablé des soucis et du chagrin que lui causait toute cette affaire, tomba de nouveau malade. Le chambellan étant venu le voir, se jeta à ses genoux, et le pria, par tout ce qu'il avait de plus sacré et de plus cher, de lui ouvrir son cœur et de lui confier ce que contenait le billet qu'il désirait tant avoir. L'électeur lui dit de fermer la porte à clef, de s'asseoir sur son lit; puis, saisissant sa main, qu'il pressa sur son cœur en soupirant, il commença en ces termes :

« Ta femme t'a sûrement déjà raconté que, le troisième jour de ma réunion à Juterbok avec le prince électeur de Brandenbourg, nous y rencontrâmes une prophétesse, et que le prince, étourdi comme il est de son naturel, avait aussitôt résolu de consulter cette femme, dans le but d'anéantir, en présence de tout le peuple, la réputation dont elle jouissait. Il lui demanda de lui indiquer, à l'instar de la sibylle romaine, quelque signe de la vérité de ses prédictions.

» Après nous avoir mesurés rapidement de la tête aux pieds, elle lui répondit hardiment que le signe auquel il reconnaîtrait la vérité de ses paroles serait la rencontre que nous ferions, en quittant la place, du chevreuil que le fils du jardinier élevait dans le parc du château. Tu dois savoir que cet animal, destiné à la table de la cour, était élevé dans la partie la plus retirée du parc, enfermé par plus d'une porte, et tout-à-fait dans l'impossibilité de paraître sur la place du marché. Cependant, pour être plus sûr encore de dévoiler ses mensonges, le prince, après m'avoir consulté, envoya au château pour ordonner que le chevreuil fût tué sur-le-champ, et préparé pour le repas du jour suivant; puis, se tournant vers la femme, devant laquelle il avait donné ses ordres tout haut, il lui dit : « Voyons maintenant ce que tu as à me prédire. »

» La devineresse, regardant dans une de ses mains avec beaucoup d'attention, prononça, d'un air solennel, les paroles suivantes : « Noble prince, ta grâce doit régner long-temps, ta maison se couvrir de gloire, et ta postérité, grande et noble, s'élever à plus de puissance que tous les princes et les seigneurs du monde. »

» Le prince, après avoir considéré, tout pensif, les traits de cette femme, me dit à demi voix qu'il se repentait d'avoir commandé la mort du chevreuil, et tandis que les chevaliers de sa suite, poussant des cris de joie, faisaient pleuvoir l'argent dans une cassette que la sibylle tenait ouverte devant elle, il lui demanda, en lui présentant une pièce d'or, si elle avait à me prédire un aussi beau destin. Au lieu de répondre, elle plaça sa main sur sa figure, pour se préserver du soleil, comme si elle en était incommodée; elle me regarda, et lorsque je lui eus renouvelé la question du prince, et que je lui eus dit en plaisantant qu'elle paraissait n'avoir rien de bon à m'apprendre:

« Non, me dit-elle à l'oreille, d'un ton plein de mystère.

—Quoi! m'écriai-je tout troublé, en faisant deux pas vers cette figure, dont le regard froid et sans vie ressemblait à celui d'une statue de marbre; de quel côté ma maison est-elle menacée? »

» La sibylle, prenant un morceau de charbon et un petit papier à la main, me dit qu'elle allait y écrire le nom du dernier prince de ma maison, le nombre d'années qu'elle devait encore conserver sa puissance, et le nom de celui qui l'en déposséderait par la force des armes.

» Ayant fait cela en présence de toute la foule, elle cacheta le billet, et lorsque je voulus m'en saisir avec toute l'impatience et la curiosité que tu peux imaginer : « Non, mon seigneur, me dit-elle en repoussant ma main, je vais le remettre à cet homme qui porte un plumet à son chapeau, et qui est debout sur un banc devant l'église; » et avant que je pusse comprendre quelques paroles qu'elle ajouta, elle se mêla à la foule, sans que je pusse voir ce qu'elle faisait.

» Dans cet instant, et pour ma consolation, le messager du prince vint l'avertir que le chevreuil était tué, et qu'il l'avait vu emporter dans la cuisine par deux chasseurs. Le prince, me prenant par le bras, me fit prendre le chemin de la maison, en m'assurant que cette femme n'avait dit que des folies indignes de l'argent que nous y avions perdu.

» Mais quel fut notre saisissement lorsqu'un cri, s'élevant sur la place, nous fit tourner la tête, et que nous vîmes un énorme chien, traînant après lui le chevreuil tué, qu'il avait dérobé dans la cuisine du château. Épouvanté par les cris des cuisiniers qui le poursuivaient, il déposa sa proie à nos pieds, et s'enfuit.

» La foudre tombant devant moi

ne m'eût pas plus anéanti que la vue de cet animal, qui constatait la vérité de tout ce qu'avait prédit la sibylle. Mon premier soin, dès que je me trouvai seul, fut de chercher partout l'homme au plumet; mais toutes les recherches que je fis faire restèrent inutiles, et ce n'est que dans la chaumière de Dahne que j'ai retrouvé mon homme. »

Alors, lâchant la main du chambellan, le prince essuya la sueur de son front, et tomba, accablé de douleur, sur ses coussins.

Le chambellan, qui jugea tout-à-fait inutile d'opposer son jugement à celui du prince, lui conseilla de chercher un moyen de se rendre maître du billet, puis d'abandonner l'homme à son destin. Le prince, désespéré, l'assura qu'il ne savait plus qu'imaginer.

Le chambellan était obligé de se rendre à Berlin pour la succession de l'oncle de sa femme, l'archi-chancelier comte de Kallheim. Il promit au prince de faire une dernière tentative auprès de Kohlhaas; mais, au bout de quelques jours, il lui fit savoir que toutes ses peines étaient perdues; qu'il ne fallait plus songer à posséder jamais le billet, à moins qu'il n'y eût quelque moyen de s'en emparer après l'exécution de Kohlhaas, qui devait avoir lieu le lundi des Rameaux.

A cette nouvelle, le prince, qui, pour calmer son chagrin, avait fait venir deux célèbres astrologues, espérant trouver quelque sujet de consolation dans leurs horoscopes, dont l'explication n'avait fait qu'ajouter à ses craintes celle d'une guerre prochaine avec la Pologne; le prince, dis-je, navré d'un désespoir insupportable à son âme, usée par tant d'inquiétudes mortelles, passa deux jours enfermé dans sa chambre, dégoûté de la vie, refusant toute nourriture ; ensuite, ayant fait dire au gubernium qu'il se rendait à la chasse chez le prince de Dessau, il quitta Dresde.

Mais on apprit que le prince de Dessau était malade, et que son excellence n'y avait point paru.

—

CHAPITRE VIII.

—

Lorsque l'infortuné Kohlhaas eut entendu sa sentence de mort, on lui rendit ses papiers. S'occupant alors de mettre ordre à ses affaires par un testament, il les adressa à son honnête voisin de Kohlhaasenbruck, qu'il nomma tuteur de ses enfans.

Il jouit d'un calme et d'un bonheur

inexprimables pendant les jours qui précédèrent sa mort. Sa prison ayant été ouverte par l'ordre spécial du prince, tous ses amis vinrent le visiter, et le théologien Jacob Freising, envoyé à lui par Luther avec une lettre de celui-ci, lui donna la communion qu'il avait si ardemment désirée.

Enfin, le lundi des Rameaux arriva sans que l'on reçût la grâce de Kohlhaas, quoique tout le peuple l'attendît, de la part de l'empereur.

Il sortit de sa prison accompagné d'une forte garde, portant ses deux petits garçons entre ses bras, conduit par le théologien Jacob Freising, et entouré de ses amis, qui se pressaient pour lui serrer encore une fois la main en signe d'adieu. Lorsqu'il arriva sur la place de l'exécution, l'électeur de Brandenbourg s'y trouvait au milieu de toute sa cour. A la droite de Henri de

Geusau était le procureur de l'Empire, Franz Muller, une copie de la sentence de mort à la main; à sa gauche, le procureur du Brandenbourg, Antoine Zauner, avec la sentence qu'il avait fait prononcer à Dresde contre le gentilhomme de Tronka. Au milieu du cercle ouvert que formait le peuple, on voyait un héraut tenant par la bride deux beaux coursiers trépignant d'impatience; c'étaient les chevaux de Kohlhaas, que le gentilhomme, en vertu de sa condamnation, avait été forcé de reprendre des mains de l'écorcheur, et de rétablir dans une écurie bâtie sur la place du marché de Dresde à cet effet.

« Kohlhaas, lui dit le prince au moment où il arrivait, voici le jour où justice te sera rendue; regarde, voici les chevaux que tu avais laissés à Tronkenbourg; voici les écus d'or de ton valet. Michel Kohlhaas, es-tu content? »

Le maquignon, après avoir lu la conclusion du tribunal de Dresde, que lui présentait le conseiller Zauner, posa ses deux enfans par terre, et étant arrivé à l'article qui condamnait le gentilhomme Wenzel de Tronka à deux ans de prison, emporté par le sentiment puissant qui le dominait, il posa ses deux mains en croix sur sa poitrine, et se jeta aux genoux du prince, qu'il embrassa. Puis se relevant, il pressa sur son cœur la main de Henri de Geusau, et lui assura que le vœu le plus cher de son cœur était accompli sur la terre; puis s'approchant des chevaux, il les caressa, et dit au chancelier qu'il les léguait à ses deux fils, Henri et Léopold.

Le chancelier Henri de Geusau l'assura que toutes ses volontés seraient accomplies; et lui ayant demandé s'il n'avait rien à disposer en faveur de la mère de Herse, Kohlhaas l'appela. Lorsqu'elle fut sortie de la foule, il lui remit les pièces d'or qui avaient appartenu à son fils, et en outre la somme d'argent qui lui avait été assignée comme dédommagement de l'obstacle mis à son commerce par le gentilhomme.

« Maintenant, s'écria le prince, Michel Kohlhaas, marchand de chevaux, prépare-toi à donner satisfaction à Sa Majesté l'empereur, de la guerre que tu as allumée dans ses Etats. »

Kohlhaas, se découvrant la tête, dit qu'il était tout préparé. Embrassant encore une fois ses enfans en versant des larmes silencieuses, il les remit à son digne voisin de Kohlhaasenbruck, et marcha vers l'échafaud.

Il ôta lui-même sa cravate; puis

jetant un regard perçant sur la foule, il ouvrit son petit étui de plomb, prit le billet, le décacheta, et après l'avoir lu, jetant encore une fois les yeux sur un homme qui portait un panache bleu et blanc et qui commençait à se livrer au plus doux espoir, il mit le papier dans sa bouche et l'avala. L'homme au panache, poussant un cri, tomba évanoui, et la tête de Kohlhaas, tranchée d'un coup de sabre, roula sur le pavé au même instant.

La foule qui couvrait la place s'ébranla de toutes parts. Au milieu du tumulte général, on remarqua quelques chevaliers emportant entre leurs bras le prince de Saxe sans connaissance. Il était revêtu d'un déguisement à l'aide duquel il avait assisté incognito à l'exécution.

Ici finit l'histoire de Michel Kohlhaas ; son corps fut accompagné au cercueil par le peuple touché de compassion. L'électeur dit à Henri de Geusau qu'il voulait que les deux fils de Kohlhaas fussent élevés parmi ses pages. Le prince de Saxe, après avoir, non sans peine, recouvré ses sens, retourna à Dresde, épuisé de corps et d'âme. Ceux qui désirent en savoir davantage sur son compte pourront puiser de plus amples détails dans l'histoire de ce temps-là.

LA MARQUISE D'O...

LA MARQUISE D'O....

CHAPITRE PREMIER.

—

« La marquise d'O... étant, à son
» insu, devenue enceinte, le père de
» l'enfant qu'elle mettra au monde est
» invité à se déclarer ; des considéra-
» tions de famille ont décidé la mar-
» quise à l'épouser, quel qu'il soit. S'a-
» dresser strada della Misericordia,
» à M... »

Tel est l'avis que fit insérer dans les journaux une jeune veuve habitante de M..., ville de la haute Italie, qui jouissait d'une bonne réputation, et était mère de plusieurs enfans, dont l'éducation avait été très-soignée.

Cette dame, qui osa faire un acte si singulier, si propre à l'exposer à la risée du monde, était fille de M. de Géri, commandant de la citadelle de M.... Depuis trois ans environ elle avait perdu son époux, le marquis d'O..., qu'elle chérissait tendrement. Dans un voyage qu'il faisait à Paris pour des affaires de famille, une cruelle maladie l'avait enlevé. Après sa mort, la marquise, suivant le désir de sa mère, avait quitté la terre qu'elle habitait jusqu'alors, et était revenue avec ses deux enfans dans la maison paternelle. Là s'adonnant aux beaux arts, à la lecture, à l'éducation de ses enfans, elle passa les premières années de son veuvage dans la retraite; lorsque tout-à-coup la guerre vint remplir la contrée des troupes de presque toutes les puissances européennes, et entre autres de soldats russes.

Le commandant de Géri avait reçu l'ordre de défendre la place; il voulut donc éloigner sa femme et ses enfans du théâtre de la guerre et les envoyer à la campagne. Mais avant que les préparatifs du départ fussent achevés, la citadelle fut cernée de toutes parts par les troupes russes, et sommée de se rendre. Le commandant répondit à coups de canon. L'ennemi de son côté bombarda la ville. Il incendia les magasins, s'empara des ouvrages extérieurs, et le commandant ayant refusé d'obéir à une seconde sommation, un assaut général fut ordonné. La citadelle fut emportée de vive force.

Tandis que les troupes russes se précipitaient dans le fort au milieu d'une pluie d'obus, le feu se déclara dans une partie du château, et il fallut que les femmes le quittassent. Madame de Géri voulut se réfugier avec sa fille et ses enfans dans les appartemens souterrains; mais une grenade qui vint éclater au même instant dans la maison, compléta le désordre qui y régnait. La marquise se précipita sur la place devant le château, cherchant un abri où se cacher.

La nuit était très-noire, mais son obscurité disparaissait pour faire place à la lueur des coups de canon qu'on entendait sans discontinuer. Au milieu de cet horrible fracas, la marquise, ne sachant de quel côté diriger sa fuite, rentra dans le château dont les flammes s'étaient emparées. Là, au moment où elle voulait s'échapper par une porte secrète, elle fut saisie par une troupe de soldats ennemis qui l'emmenèrent avec eux. En vain elle poussa des cris de terreur, appelant à son secours ses femmes, qui elles-mêmes fuyaient tremblantes, poursuivies par d'autres furieux. On l'entraîna dans une cour intérieure, où elle eût succombé sous les plus indignes traitemens, si un officier russe, attiré par ses cris, n'était accouru chasser ces misérables acharnés contre elle. Il apparut à la marquise comme un ange envoyé du ciel. Frappant d'un coup d'épée au travers du visage le dernier de ces soldats qui tenait encore la marquise serrée entre ses bras, il offrit son assistance à cette malheureuse femme, puis la conduisit dans une partie du château où les flammes n'avaient point encore pénétré. La marquise, ne pouvant plus long-temps résister à l'horrible effroi dont elle avait été saisie, perdit alors tout-à-fait connaissance.

Quelques momens après ses femmes parurent. Effrayées de l'état de leur maîtresse, elles voulaient appeler un médecin; mais l'officier, prenant son chapeau, les assura que la marquise reviendrait bien à elle sans secours, et sortit pour retourner au combat.

La place fut bientôt tout-à-fait conquise. Le commandant ne se défendait que parce que autrement il eût été puni. Lorsqu'il vit qu'il n'y avait plus d'espoir, il se retira devant la porte de sa maison, avec le reste de ses troupes épuisées. L'officier russe, le visage animé, lui cria presque aussitôt de se rendre.

« Je n'attendais que cet ordre, » répondit le commandant; et il remit son épée; « mais, ajouta-t-il, ne m'accorderez-vous pas la permission de rentrer dans le château pour m'informer de ma famille ?

— Je vous l'accorde, repartit l'officier russe, qui semblait être l'un des principaux chefs de l'armée; toutefois sous la conduite d'une garde qui servira à vous protéger et à me répondre de votre soumission; » puis, se mettant à la tête d'un détachement, il se dirigea vers le point où la lutte semblait encore douteuse. Bientôt après il revint sur la place d'armes, et ordonna d'éteindre les flammes qui dévoraient les maisons voisines. Animé d'un zèle remarquable, on le voyait à la fois commander et aider ses soldats dans leurs manœuvres, tour à tour occupé à diriger les jets d'eau sur l'incendie, et à sortir des magasins de l'arsenal les bombes chargées ou les tonneaux de poudre, dont l'explosion eût été terrible.

En rentrant chez lui, le commandant fut instruit de la malheureuse aventure dont sa fille avait failli être la victime. La marquise était, comme l'avait prédit l'officier russe, revenue à elle sans le secours du médecin. Elle éprouvait une grande joie en voyant toute sa famille sauvée, et son seul désir était de pouvoir témoigner sa reconnaissance à leur commun libérateur, le comte Fitorowski, chef d'un corps de chasseurs, et décoré de plusieurs ordres. Il n'avait pas fallu beaucoup de temps à la marquise pour apprendre tout cela.

« Mon père, dit-elle au commandant, va le voir, et supplie-le de ne pas quitter la citadelle avant de s'être montré un instant au château. »

Le commandant, qui approuvait la gratitude de sa fille, retourna auprès de l'officier. Il le trouva encore occupé de soins militaires, rassemblant ses troupes éparses, et les passant en revue.

« Monsieur, lui dit-il, je ne savais pas, il y a un instant, vous devoir l'honneur et la vie de ma fille. De telles obligations augmentent la reconnaissance que m'a déjà causée votre généreuse conduite envers moi. Mais venez, monsieur, venez dans mon château recevoir les remercîmens de ma fille et de sa mère. Nous nous estimerons heureux de posséder un instant notre bienfaiteur.

— Monsieur le commandant, répondit l'officier, je suis vivement touché de tout ce que vous venez de me dire, et mon projet était bien de me rendre auprès de vous, et de présenter mes hommages à vos dames, dès que mes occupations m'en laisseront le loisir... »

En ce moment, plusieurs officiers lui remirent des rapports qui le rappelèrent à ses devoirs.

Aussitôt que le jour parut, le général en chef des troupes russes vint prendre possession du fort. Il montra la plus grande déférence pour M. de Géri, et lui laissa sur sa parole la liberté de se rendre où il voudrait.

« Je ne sais, répondit le commandant, comment vous exprimer ma gratitude. Combien, dans ce jour, ne dois-je pas aux Russes, et surtout au jeune comte Fitorowski, lieutenant de chasseurs !

—Comment donc cela? monsieur, reprit le général.

M. de Géri raconta les événemens de la nuit, et les injures auxquelles la marquise avait été exposée indignèrent le général, qui, s'avançant au centre de ses officiers, appela à voix haute :

« Comte Fitorowski ! »

Le comte s'avança. Après un court éloge adressé à sa conduite courageuse, éloge qui couvrit de rougeur la figure du comte, il ajouta :

« Je veux punir d'une manière exemplaire les misérables qui déshonorent ainsi le nom de l'empereur. Nommez-les-moi, monsieur le comte.

— Je ne saurais le faire, répondit le comte d'une voix mal assurée, tandis que sa contenance dénotait son trouble; à la lueur des réverbères du château, il m'a été impossible de les reconnaître.

— Mais, dit le général, d'autant plus surpris d'une telle réponse, qu'il savait fort bien que, dans ce moment-là, le château était tout en feu, il me semble qu'on reconnaît facilement les gens à leur voix, quelque noire que soit la nuit. » Puis, secouant la tête, d'un air mécontent : « Monsieur le lieutenant, je vous prie de faire à ce sujet les perquisitions les plus sévères. »

En ce moment, un homme sortit de la foule, et, s'approchant du général, lui dit :

« Monsieur, il y a encore dans le château un de ces misérables, qui a été arrêté par les gens du commandant, au moment où M. le comte les a chassés.

—Qu'on l'amène ! » s'écria le général. »

Le captif arriva bientôt, entre quatre soldats. Il fut soumis à un court interrogatoire, après lequel on le fusilla avec ses complices, qu'il dénonça au nombre de cinq.

Cet acte de justice exécuté, le général ordonna de faire partir le reste des troupes; les officiers se hâtèrent aussitôt de regagner leurs corps respectifs. Le comte Fitorowski, au milieu du tumulte, s'approcha du commandant, lui fit ses adieux, et le pria de présenter ses hommages à la marquise. Ce départ précipité ne lui permettait pas de le faire lui-même. Une heure après il n'y avait plus un soldat russe dans la citadelle.

La famille de Géri se consola en pensant que peut-être dans l'avenir l'occasion se présenterait de prouver leur reconnaissance au comte. Mais quel fut leur effroi, lorsqu'ils apprirent que, le jour même de son départ, il avait trouvé la mort dans une rencontre avec l'ennemi ! Le courrier qui apporta cette nouvelle à M..... l'avait vu de ses propres yeux, blessé mortellement à la poitrine. Deux hommes ayant voulu le relever, il avait expiré entre leurs bras.

Le commandant se rendit lui-même à la maison de la poste pour obtenir des renseignemens plus détaillés. Il apprit qu'au moment où il avait été frappé sur le champ de bataille, il s'était écrié : « Julietta, cette balle t'a vengée. » Puis ses lèvres s'étaient refermées pour toujours. La marquise fut désolée de n'avoir pu se jeter aux pieds de son libérateur. Elle s'en fit des reproches amers. Cette Julietta, qui portait le même nom qu'elle, excita sa pitié; elle fit en vain tous ses efforts pour la découvrir; sa douleur aurait sympathisé avec la sienne pour déplorer ce triste et funeste événement. Plusieurs mois se passèrent avant qu'elle pût l'oublier.

CHAPITRE II.

—

La famille du commandant se vit obligée de quitter le château pour faire place au général russe. Il fut d'abord question de se rendre à la campagne, projet qu'appuyait fortement la marquise; mais M. de Géri n'aimant pas la campagne, on loua une maison à la ville, et ils s'y établirent tout-à-fait. Tout rentra bientôt dans l'ordre accoutumé. La marquise reprit l'éducation de ses enfans, et se remit à ses occupations favorites. Mais sa santé, qui jusqu'alors avait été forte et robuste, semblait souffrante : elle éprouvait des faiblesses qui l'empêchèrent pendant des semaines entières de paraître dans la société ; elle sentait des vertiges, un malaise dont elle ne pouvait se rendre raison. Cet état singulier l'inquiétait fort.

Un matin que toute la famille était occupée à prendre le thé, et que M. de Géri s'était éloigné pour un instant, la marquise, sortant de ses rêveries, dit à sa mère :

« Si une femme me disait avoir éprouvé un sentiment semblable à celui qui m'a parcouru tout le corps tandis que je prenais cette tasse, je croirais cette femme enceinte.

— Je ne te comprends pas, répondit madame de Géri.

— Je viens d'éprouver, reprit la marquise, un frisson absolument semblable à ceux que je ressentais durant ma dernière grossesse.

— Quelle singulière idée ! dit sa mère en riant, tu accoucheras sans doute de quelque fantaisie.

— Morphée ou l'un des Songes de sa suite en sera le père alors, » ajouta la marquise; et elles continuèrent ainsi à plaisanter sur ce sujet. Mais le retour du commandant interrompit leur conversation, et la marquise s'étant, quelques jours après, entièrement rétablie, oublia cet entretien, ainsi que le sujet qui l'avait occasioné.

Bientôt après, pendant que M. de Géri le fils, grand-maître des forêts, se trouvait chez ses parens, un événement inattendu vint surprendre toute la famille. Un domestique, entrant un jour dans la chambre où elle se trouvait réunie, annonça le comte Fitorowski.

« Le comte Fitorowski ! » s'écrièrent à la fois le père et la fille. La surprise ne leur permit pas d'en dire davantage.

Le domestique répondit que c'était bien le comte, qu'il l'avait vu de ses propres yeux, entendu de ses propres oreilles, et qu'il l'avait laissé dans l'antichambre.

Le commandant se leva aussitôt pour ouvrir lui-même au jeune comte, et celui-ci, beau comme un dieu, quoique le visage pâle, entra dans le salon.

Après les premières politesses et quand l'étonnement causé par cette arrivée inattendue fut un peu dissipé, le comte s'informa de la santé de la marquise.

« Je suis fort bien, répondit la marquise ; mais vous-même, comment êtes-vous revenu à la vie ?

— Je ne puis croire ce que vous dites, repartit le comte, car votre visage porte l'empreinte de la fatigue et de la maladie.

— En vérité, cette empreinte n'est qu'une trace laissée par une indisposition que j'ai soufferte il y a quelques jours, mais qui, je l'espère, n'aura pas de suite.

Je l'espère aussi, » reprit le comte avec une vivacité singulière ; puis il ajouta : « Madame, voulez-vous m'épouser ? »

La marquise ne savait que penser d'une pareille question faite si brusquement. Elle regardait sa mère, tandis qu'une vive rougeur colorait ses joues ; et ses parens, aussi étonnés qu'elle, se lançaient des coups d'œil interrogatifs.

Cependant le comte s'approchant de la marquise, et lui prenant la main comme pour la baiser, réitéra sa question en lui demandant si elle ne l'avait pas compris.

Le commandant, voulant faire cesser l'embarras qui se peignait sur tous les visages, offrit un siége au comte, et le pria de s'asseoir.

« En vérité, dit madame de Géri, nous croirons que vous êtes un esprit, jusqu'à ce que vous nous ayez expliqué comment vous êtes sorti du tombeau dans lequel on a dû vous placer à Paris. »

Le comte s'assit, laissa tomber la main de la marquise, et dit :

« Les circonstances actuelles me forcent à être bref, car j'ai peu de temps à moi pour m'arrêter ici. Blessé à mort dans la poitrine, je fus transporté à P..., où je demeurai plusieurs mois dans mon lit, incertain si je vivrais. Durant tout ce temps, l'image de madame fut constamment présente à ma pensée; je ne saurais décrire le plaisir et la peine que me causa tour à tour ce souvenir. Après une longue convalescence, je fus enfin rétabli, et je retournai à l'armée. Mais les plus vives inquiétudes m'y suivirent. Plus d'une fois j'ai pris la plume pour vous ouvrir mon cœur; maintenant je suis envoyé à Naples avec des dépêches; je ne sais si de là je ne recevrai point l'ordre d'aller jusqu'à Constantinople, et peut-être ensuite de retourner à Saint-Pétersbourg. Cependant il m'a été impossible de vivre plus long-temps sans satisfaire le désir de mon cœur; je n'ai pu résister à l'envie de faire quelques démarches pour atteindre mon but, en passant par M.... En un mot, je viens demander à madame la marquise si elle veut faire mon bonheur en m'accordant sa main; et je la supplie de s'expliquer franchement à ce sujet. »

Il se tut: un long silence succéda à cette bizarre déclaration. Le commandant le rompit enfin.

« Une telle proposition, si, comme je n'en doute pas, elle est sérieuse, est extrêmement flatteuse pour nous. Mais, lors de la mort de son mari, le marquis d'O..., ma fille a résolu de ne point s'engager dans de nouveaux liens. Cependant il n'est pas impossible qu'une passion aussi subite que la vôtre n'ait quelque influence sur sa résolution; accordez-lui donc, je vous prie, quelque temps pour réfléchir.

— Certes, repartit le comte, ce que vous me dites a bien de quoi me satisfaire, et en tout autre moment j'aurais lieu de regarder ces paroles comme bien favorables à mes désirs; mais dans les circonstances présentes, je ne saurais m'éloigner sans avoir obtenu une réponse qui doit décider de mon sort. Les chevaux sont déjà attelés à ma voiture pour me conduire à Naples. Je vous en supplie, continua-t-il, en se tournant vers la marquise, je vous en supplie, si vous avez quelque sentiment de compassion pour moi, ne me laissez pas partir sans un mot de votre bouche.

—Monsieur, reprit le commandant, un peu déconcerté de l'ardeur impatiente du jeune officier, la reconnaissance que vous conserve ma fille vous donne le droit d'avoir les plus grandes espérances; cependant ne croyez pas qu'elle puisse ainsi se résoudre à faire, sans de mûres réflexions, la démarche la plus importante de sa vie. D'ailleurs, il est indispensable qu'avant de se décider elle fasse plus ample connaissance avec vous. Revenez donc ici lorsque votre mission sera terminée, et soyez notre hôte pendant quelque temps. Si ma fille alors juge pouvoir être heureuse avec vous, je serai le premier à approuver son consentement, qui, accordé plus tôt, me semblerait tout-à-fait peu convenable.

— C'était là, dit le comte, dont le trouble se décelait par la rougeur qui couvrait son visage, le but de mes plus ardens désirs dans ce voyage, et me voilà rejeté dans un abîme de malheur. D'après les circonstances fâcheuses dans lesquelles vous m'avez connu jusqu'à présent, sans nul doute des liaisons plus étroites me seraient favorables. La seule action blâmable que j'aie faite dans ma vie, et qui n'est connue que de moi, je veux la réparer. Je suis homme d'honneur, et cela je puis l'affirmer sans crainte. »

Un léger sourire, qui cependant n'était pas ironique, parut sur les lèvres du commandant.

« Je vous crois sincère, Monsieur; jamais je n'ai vu un jeune homme développer tant de belles qualités en si peu de temps. Un peu de réflexion vous fera approuver le délai que je demande. Avant d'en avoir parlé soit avec les miens, soit avec vos parens, il m'est impossible de vous accorder aucune autre réponse.

—Je suis sans parens, libre et maître de ma personne. Mon oncle, le général Krakolof, m'accordera sûrement son approbation. Je suis possesseur d'une fortune considérable, et je me déciderai sans peine à venir vivre en Italie.

— Monsieur, reprit le commandant d'un ton bref et impérieux, vous avez mon dernier mot ; brisons là-dessus, je vous prie. »

Après une courte pause durant laquelle tous les symptômes de la plus vive agitation se montraient dans la contenance du comte, ce jeune et fougueux amant, se tournant vers madame de Géri, renouvela ses protestations, supplia, et finit par déclarer que son oncle ainsi que le général en chef étaient dans sa confidence, et avaient autorisé ses démarches, voyant que c'était le seul moyen de le sauver de la mélancolie dans laquelle il était tombé à la suite de sa blessure.

« Par votre refus, dit-il enfin, vous ne me laissez plus que le désespoir pour dernier remède à mes souffrances. »

On ne savait que lui répondre. Il continua en disant que si la moindre lueur d'espérance lui était donnée d'atteindre le but de tous ses vœux, il pourrait peut-être retarder son voyage d'un jour, et même plus. En prononçant ces derniers mots, il promenait des regards supplians sur le commandant, la marquise et sa mère. Le commandant avait les yeux baissés; son expression était mécontente; il garda le silence.

« Allez! allez! monsieur le comte, s'écria madame de Géri; partez pour Naples, et lorsque vous reviendrez, accordez-nous pendant quelque temps le plaisir de vous posséder au milieu de nous, le reste ira tout seul. »

Le comte resta un instant sans répondre; il semblait incertain sur ce qu'il devait faire. Enfin, se levant et repoussant son siége :

« Je l'avoue, dit-il, les espérances qui m'ont conduit dans cette maison étaient un peu prématurées. Je comprends que vous désiriez mieux me connaître; aussi vais-je renvoyer mes dépêches au quartier-général pour une autre expédition, et profiter de votre offre aimable de me recevoir pendant quelques semaines dans votre famille. »

Tenant encore la main appuyée sur le dossier de sa chaise, il regarda le commandant, attendant sa réponse avec une vive anxiété.

« Il me serait fort pénible, repartit celui-ci, de penser que la passion inspirée par ma fille pût vous susciter quelque affaire malheureuse; cependant vous savez sûrement mieux que moi ce que vous avez à faire. Renvoyez les dépêches; je vais vous faire préparer une chambre. »

Ces paroles produisirent un effet rapide sur les traits du comte, qui s'animèrent d'une vive rougeur. Il s'inclina pour baiser respectueusement la main de madame de Géri, salua le reste de la société, et se retira.

CHAPITRE III.

Lorsqu'il eut quitté la chambre, toute la famille ne savait que penser de cette singulière apparition.

« Il n'est pas possible, dit madame de Géri, qu'il renvoie les dépêches dont il est chargé pour Naples, simplement parce qu'il n'a pas réussi, dans son passage à M..., à recevoir une réponse affirmative d'une dame dans un entretien de cinq minutes.

— Une telle action, repartit son fils le grand-maître des forêts, n'entraînerait avec elle pas moins que les arrêts et la réclusion dans un fort.

— Et la dégradation, ajouta le commandant. Mais il n'est pas à craindre qu'il fasse une semblable chose; ce n'est qu'un coup de vent dans l'orage; avant d'avoir renvoyé ses dépêches, il reviendra à lui.

— Dieu! s'écria madame de Géri, comme effrayée d'un pareil danger; je suis sûre qu'il les renverra; sa volonté opiniâtre, dirigée par une seule idée fixe, est bien capable d'une telle action. Mon fils, allez, je vous en prie, le rejoindre, et tâchez de le détourner d'une résolution si désespérée.

— Une telle démarche, répondit le maître des forêts, aurait un résultat contraire, et ne ferait que renforcer ses espérances. »

La marquise fut du même avis, et pensa d'ailleurs qu'il ne renverrait pas les dépêches et préfèrerait être malheureux plutôt que d'encourir une punition. Tous s'accordèrent à trouver sa conduite fort singulière. Sans doute il était habitué à emporter les cœurs féminins, en courant, comme des citadelles ordinaires. Mais le commandant, se levant, ne fut pas peu surpris de voir la voiture du comte encore arrêtée devant sa maison. Tous s'approchèrent de la fenêtre, et M. de Géri s'adressant à un domestique qui entrait en ce moment même :

« Monsieur le comte est-il encore dans la maison? lui demanda-t-il.

— Oui, Monsieur; il est dans la chambre des domestiques, occupé, avec son adjudant, à écrire des lettres et sceller des paquets. »

Le commandant, réprimant son agitation, se hâta d'aller avec son fils auprès du comte. Ils le trouvèrent assis devant une fort petite table qui pouvait à peine porter tous les papiers dont elle était chargée.

« Ne voulez-vous pas, lui dit M. de Géri, passer dans votre chambre? vous y serez plus à l'aise, et vous y trouverez tout ce dont vous aurez besoin.

— Je vous remercie, répondit le comte, en continuant d'écrire avec une grande hâte; je vous remercie infiniment, mais voilà mes affaires finies. »

Il demanda l'heure, cacheta sa lettre, la remit avec un porte-feuille à son adjudant; puis lui souhaita un bon voyage.

Le commandant ne pouvait en

croire ses yeux. Tandis que l'adjudant sortait de la maison, il s'écria :

« Monsieur le comte, si vous n'avez pas des motifs bien puissans.....

—Ils sont tout puissans, » interrompit le comte. Puis il accompagna son adjudant à sa voiture, et lui ouvrit la portière.

« Dans ce cas, continua le commandant, il me semble du moins que les dépêches.....

— C'est impossible, repartit le comte, en donnant la main à l'adjudant qui montait dans la voiture. Les dépêches n'iront pas à Naples sans moi : j'y ai aussi pensé. En route !

— Et la lettre de monsieur votre oncle ! s'écria l'adjudant.

— Elle me trouvera à M....

— En route ! » dit l'adjudant; et la voiture partit d'un train de poste.

Le comte se tournant alors vers le commandant :

« Voulez-vous, Monsieur, avoir la bonté de me faire conduire dans la chambre que vous avez la complaisance de me destiner.

— J'aurai l'honneur de vous y conduire moi-même, repartit le commandant un peu confus ; » et appelant ses gens et ceux du comte pour transporter ses paquets, il le conduisit dans une partie de la maison réservée aux visiteurs étrangers ; puis, le saluant avec froideur, il le laissa seul.

Le comte fit sa toilette, et quitta la maison pour se rendre chez le gouverneur de la place. Invisible durant tout le reste du jour, il ne rentra que le soir pour le souper.

Cependant la famille de Géri était dans la plus vive inquiétude. Le maître des forêts raconta quelle réponse le comte avait faite au commandant. Celui-ci déclara n'y rien comprendre du tout; et il fut résolu qu'il ne serait plus question de cette affaire. Madame de Géri regardait à chaque instant la fenêtre pour voir s'il ne viendrait pas réparer une telle inconséquence; mais la nuit commençant à tomber, elle s'assit à côté de la marquise, qui travaillait avec beaucoup de zèle près d'une table, et paraissait éviter toute conversation.

Elle lui demanda à mi-voix, tandis que le commandant allait et venait, ce qu'elle pensait de toute cette affaire.

La marquise répliqua en jetant un regard timide sur le commandant :

« Si mon père l'avait déterminé à partir pour Naples, tout eût bien tourné.

—Pour Naples! s'écria le commandant, qui avait entendu ces paroles. Devais-je donc faire appeler un prêtre ! ou bien fallait-il le faire arrêter, et l'envoyer à Naples sous escorte ?

— Non ; mais des représentations vives et pressantes atteignent leur but, » reprit la marquise en baissant ses yeux sur son ouvrage d'un air un peu mécontent.

Enfin le comte parut. On chercha l'occasion de lui faire sentir l'inconvenance de la démarche qu'il avait faite, et de l'engager à la rétracter pendant que cela était encore possible. Mais durant tout le souper on ne put trouver cette occasion. Écartant avec intention tout ce qui pouvait y ramener, il entretint le commandant de l'art militaire, et le grand forestier de celui de la chasse. Ayant mentionné dans sa conversation l'escarmouche de P..., madame de Géri lui demanda comment il avait pu guérir de sa blessure dans un si petit endroit où l'on ne devait point trouver les secours nécessaires.

Alors il raconta plusieurs traits pour prouver combien sa passion pour la marquise l'avait occupé tandis qu'il était gisant sur son lit de douleur. Durant toute sa maladie, elle lui était apparue sous la forme d'un cigne qu'il avait vu à la campagne de son oncle lorsqu'il était encore enfant. Un souvenir surtout l'avait vivement attendri : un jour le cigne ayant été souillé de boue par lui, reparut plus beau et plus blanc après s'être plongé au milieu des flots. Il avait toujours disparu à sa vue au milieu d'une mer de feu ; en vain il avait appelé Thinka, nom que portait ce cigne ; il n'avait pu l'attirer à lui. Le comte termina ce singulier récit en protestant de nouveau qu'il adorait la marquise; puis baissant ses regards sur son assiette, il se tut.

On se leva de table. Le comte, après quelques mots de conversation avec madame de Géri, salua ses hôtes, et se retira dans sa chambre. Ceux-ci demeurèrent encore quelques instans à causer.

« Il faut laisser les choses aller leur cours, dit le commandant. Sans doute il compte sur ses parens pour le tirer de ce mauvais pas; autrement une infâme dégradation en serait la suite.

—Que penses-tu de tout cela, ma fille? demanda madame de Géri à la marquise.

— Bonne mère, je ne puis croire ce que je vois. Il me fâche que ma reconnaissance soit mise à une si rude épreuve. Cependant j'avais résolu de ne pas me remarier; je ne veux pas jouer une seconde fois le bonheur de ma vie, et d'une manière si hasardeuse surtout.

— Si c'est là votre ferme volonté, ma sœur, dit le maître des forêts, il serait bon, je crois, de la lui signifier d'une manière positive pour en finir.

—Mais, reprit madame de Géri, ce jeune homme paraît doué de grandes qualités; il désire fixer sa résidence en Italie; il me semble donc que sa proposition mérite qu'on la pèse mûrement, et la décision de ma fille a besoin d'être mise à l'épreuve.

— Comment trouvez-vous sa personne? demanda le grand-forestier à la marquise.

— Mais, répondit celle-ci un peu troublée, il me plaît et me déplaît tout à la fois; au reste, je vous en fais juge vous-même.

— S'il revenait de Naples dans les mêmes sentimens, et que les renseiguemens pris sur lui durant son absence fussent favorables, comment alors répondrais-tu à sa demande ? lui dit sa mère.

— Alors, si ses vœux paraissaient aussi sincères qu'aujourd'hui, repartit la marquise en rougissant, et tandis que ses regards brillaient d'un éclat plus vif, je les remplirais, pour accomplir ce que le devoir de la reconnaissance exige de moi. »

Madame de Géri, qui avait toujours vivement désiré de voir sa fille se remarier, eut peine à cacher le plaisir que lui causait cette réponse.

« Eh bien, reprit le grand-forestier en se levant, puisque ma sœur pense pouvoir un jour lui accorder sa main, il faut dès à présent faire un pas pour prévenir les suites dangereuses de sa folle démarche. »

Madame de Géri partagea cet avis,

et ajouta qu'après toutes les brillantes qualités que le jeune comte avait déployées devant elle, sa fille ne risquait pas grand'chose en le jugeant favorablement.

La marquise, agitée d'un trouble inexprimable, tenait ses yeux fixés sur le plancher.

« On pourrait, continua sa mère, lui promettre que d'ici à son retour de Naples, tu n'accorderas ta main à nul autre.

— Je ne craindrais pas, ma bonne mère, de lui donner cette promesse, mais je crains seulement qu'elle ne le satisfasse pas, et nous engage.

— Ne crains rien, repartit sa mère avec une grande joie, ce sont mes affaires. » Puis s'adressant au commandant : « Lorenzo, dit-elle, qu'en penses-tu ? »

Le commandant, qui avait tout entendu, était devant la fenêtre; il regardait dans la rue et ne disait rien.

« Je me fais fort, assura le grand-forestier, de renvoyer le comte avec cette déclaration transitoire.

— Eh bien, que cela soit fait ainsi, s'écria le commandant en se retournant; je vais pour la seconde fois me rendre à ce Russe. »

Madame de G... l'embrassa, ainsi que la marquise, qui, tandis que son père souriait de son ardeur, demanda comment on ferait pour annoncer de suite cette décision au comte. On résolut que le grand-forestier irait le prier de vouloir bien se rendre pour un instant dans la salle où l'attendait la famille réunie.

Le comte répondit qu'il allait venir. A peine le domestique chargé de cette réponse avait-il accompli son message, qu'on entendit ses pas, et, entrant dans la chambre, il se jeta aux pieds de la marquise, dans le plus violent trouble. Le commandant voulut lui dire ce qu'ils avaient résolu, mais lui se relevant : « C'est bien, j'en sais assez ; » puis il lui baisa la main, ainsi qu'à madame de Géri, et serra le frère dans ses bras. « Mais maintenant il me faudrait une chaise de poste, ajouta-t-il.

— J'espère, dit la marquise émue de cette scène touchante, que votre espérance ne vous a pas entraîné trop loin.

— Non ! non, repartit le comte; rien n'est regardé comme avenu, si les informations que vous prendrez sur mon compte ne sont pas d'accord avec les sentimens que je vous ai exprimés dans cette chambre. »

Le commandant le pressa tendrement contre son cœur.

Le grand-forestier lui offrit sa propre voiture, et un chasseur courut à la poste chercher des chevaux. La joie la plus grande présidait à ce départ.

« J'espère, dit le comte, retrouver mes dépêches à B...., et de là prendre directement la route de Naples. Une fois arrivé dans cette ville, je ferai mon possible pour éviter d'aller à Constantinople; en tout cas, je suis décidé à faire le malade, et alors d'ici à six semaines je serai de retour.»

En ce moment son chasseur vint annoncer que la voiture était attelée, que tout était prêt pour le départ. Le comte prit son chapeau, puis s'approchant de la marquise, lui saisit la main.

« Juliette, lui dit-il, je me sens un peu plus tranquille; » et il pressa sa main entre les siennes. « Cependant mon vœu le plus ardent eût été de me marier avant mon départ.

— Vous marier! s'écrièrent tous les membres de la famille.

— Nous marier, » répéta le comte; et baisant la main de la marquise, qui lui demanda s'il était dans son bon sens, il lui assura qu'un jour viendrait où elle le comprendrait.

Le commandant et son fils étaient sur le point de se fâcher de cette assertion; leur faisant ses adieux avec la même chaleur, le comte les pria de n'y plus penser, et partit.

—

CHAPITRE IV.

—

Plusieurs semaines s'écoulèrent durant lesquelles la famille fut divisée en différens partis sur l'issue de cette singulière aventure.

Le commandant reçut du général Krakolof, oncle du jeune comte, une lettre fort polie; le comte lui-même écrivit de Naples; les informations que l'on recueillit sur son compte parlèrent toutes à son avantage; enfin, l'on regardait déjà le mariage comme fait, lorsque l'indisposition de la marquise reparut avec plus de force qu'auparavant.

Elle remarqua un changement considérable dans toute sa personne. Se confiant avec une entière franchise à sa mère, elle lui dit qu'elle ne savait que penser de son état. Sa mère, qui craignait que de si étranges symptômes ne menaçassent la santé de sa fille, lui conseilla de consulter un médecin. Mais la marquise, pensant que son tempérament serait assez fort pour résister, laissa encore passer plusieurs jours sans suivre les conseils de sa mère, jusqu'à ce que ces symptômes se reproduisant sans cesse et de la manière la plus extraordinaire, la jetèrent dans une vive angoisse. Elle fit appeler un médecin qui avait toute la confiance de son père, le fit asseoir sur le sopha auprès d'elle, en l'absence de sa mère, et, après une courte introduction, lui avoua, en plaisantant, ce qu'elle pensait de son état. Le médecin jeta sur elle un regard scrutateur; il se tut, puis, après avoir terminé son examen, il répondit avec un air très-sérieux :

« Vous ne vous trompez pas, madame la marquise.

— Comment l'entendez-vous? interrompit elle.

— Vous êtes, reprit le médecin en souriant, dans une parfaite santé, vous n'avez pas besoin des secours de mon art. »

La marquise, saisissant la sonnette et jetant sur le docteur un coup d'œil courroucé, le pria de sortir, en ajoutant à demi voix qu'elle ne se souciait point de plaisanter avec lui sur un pareil sujet.

Le docteur répondit : « Je désire que jamais on ne se soit joué de vous plus qu'aujourd'hui ; » puis prenant son chapeau et sa canne, il voulut se retirer.

« J'instruirai mon père de cette conduite, lui dit la marquise.

— Comme vous le voudrez, reprit le docteur ; je vous ai dit ce que je pense, et j'en ferais le serment si cela était nécessaire ; » et il ouvrit la porte pour quitter la chambre. Tandis qu'il ramassait son mouchoir de poche qui était tombé par terre, la marquise lui demanda encore :

« Mais la possibilité d'une telle chose ?

— Je ne crois pas nécessaire de vous expliquer les premiers principes de cette affaire, » répondit le médecin en sortant.

La marquise demeura comme frappée de la foudre. Elle s'emporta et voulut courir se plaindre à son père ; mais le sérieux extraordinaire du docteur, dont elle se croyait offensée, lui glaçait toutes les veines. Elle se jeta, dans le plus grand trouble, sur son sopha. Mécontente d'elle-même, elle passa en revue tous les instans de l'année écoulée, et finit par se croire folle en arrivant vainement au dernier. Sa mère entra tandis qu'elle était encore dans cette terrible agitation.

« Pourquoi ce trouble, ma chère enfant? » lui demanda-t-elle. La marquise lui raconta ce que le médecin venait de lui dire.

« C'est un indigne polisson! s'écria

madame de Géri. Il faut instruire sur-le-champ ton père de sa conduite.

— Mais, ma mère, c'est avec le plus grand sérieux qu'il m'a dit cela; et il paraissait bien résolu à renouveler son assertion devant mon père.

— Et peux-tu croire à la possibilité d'un pareil état? s'écria sa mère effrayée.

— Je croirais plutôt que les tombeaux peuvent porter des fruits, et qu'un enfant peut naître dans le sein d'un cadavre.

— Eh bien alors, chère enfant, pourquoi te tourmenter? Si ta conscience est pure, comment peux-tu t'inquiéter du jugement d'autrui? fût-ce même le résultat d'une consultation de toute la faculté. Que ce soit erreur ou méchanceté de sa part, que t'importe? Mais il est nécessaire que ton père en soit instruit.

— O mon Dieu! dit la marquise avec un mouvement convulsif, comment pourrais-je ne pas me tourmenter? N'ai-je pas en moi un sentiment intime qui m'est bien connu et qui dépose contre moi-même? Si toute autre me disait être dans l'état où je me sens, ne la jugerais-je pas telle que je me juge?

— C'est horrible! s'écria sa mère.

— Méchanceté! erreur! reprit la marquise. Et pourquoi cet homme, qui jusqu'à ce jour nous a paru digne de toute notre confiance, voudrait-il me traiter d'une manière aussi infâme? Quel motif pourrait l'y porter? Moi qui ne l'ai jamais offensé! qui l'ai reçu avec confiance, et avec l'idée de lui devoir bientôt de la reconnaissance! Et s'il fallait choisir, serait-il possible qu'un médecin, quelque médiocre qu'il fût, tombât dans une pareille erreur?

—Cependant, dit madame de Géri impatientée, il faut bien que ce soit l'un ou l'autre.

— Oui, reprit la marquise en lui baisant les mains, tandis qu'un vif incarnat couvrait ses joues; oui, bonne mère, il le faut : quoique les circonstances soient si extraordinaires, qu'il m'est permis de douter. Je jure que ma conscience est aussi pure que celle de mes enfans; la vôtre ne peut être plus pure, plus digne d'estime. Cependant je vous prie de faire appeler une sage-femme, afin que je m'assure de la vérité, et que je puisse être tranquille sur les suites.

— Une sage-femme! s'écria madame de Géri avec indignation. Une conscience pure, et une sage-femme! » Elle n'en put dire davantage.

« Une sage-femme, ma digne mère, répéta la marquise, en se mettant à genoux devant elle, et cela dans l'instant même, si vous ne voulez pas me voir devenir folle.

— Oh ! très-volontiers, reprit la mère ; seulement je te prie de ne pas accoucher dans ma maison. »

Et, en disant ces mots, elle se leva pour sortir. La marquise la suivit en tendant ses bras, tomba la face contre terre, et embrassa ses genoux.

« Si une vie irréprochable, s'écria-t-elle avec l'accent de la douleur, une vie consacrée à vous plaire, me donne quelques droits sur votre estime ; si seulement un sentiment d'amour maternel parle encore pour moi dans votre cœur, ne m'abandonnez pas dans cet instant affreux !

— Qu'est-ce donc qui te trouble ainsi ? lui demanda sa mère. N'est-ce que les discours du docteur? n'est-ce que le sentiment do ton malaise?

— Ce n'est que cela, ma mère, reprit la marquise en plaçant ses mains sur sa poitrine.

— Absolument que cela, Juliette? continua sa mère. Réfléchis bien : une faute, quelque douleur qu'elle me causât, peut et doit se pardonner; mais si, pour éviter une réprimande de ta mère, tu pouvais inventer un conte sur les bouleversemens de l'ordre naturel, et te jouer des sermens les plus sacrés pour le persuader à mon cœur trop crédule, ce serait indigne, et je ne voudrais plus te revoir.

—Puisse l'empire des bienheureux s'ouvrir un jour à moi comme mon âme s'ouvre à la vôtre! Je ne vous ai rien caché, ma mère. »

Cette exclamation, faite avec désespoir, ébranla madame de Géri.

« O ciel! s'écria-t-elle, ma chère enfant! comme tu m'attendris! » Elle la releva, l'embrassa, la serra contre son sein. « Qu'as-tu à craindre? Viens, tu es bien malade. » Elle voulut la faire mettre au lit; mais la marquise, dont les larmes abondantes se frayaient un libre passage, assura qu'elle était très-bien, et qu'elle ne sentait aucun mal, si ce n'était cet état étrange et inconcevable.

« Un état étrange! Mais quel est-il donc? Puisque ta conscience est si sûre du passé, quelle frayeur frénétique s'empare de toi? Un sentiment intérieur, encore indéterminé, ne peut-il te tromper?

— Non, non, il ne me trompe pas, et si voulez faire appeler une sage-femme, vous verrez que l'infamie n'est que trop vraie.

— Viens, ma chère fille, dit madame de Géri, qui commençait à craindre que sa raison ne s'altérât, viens, suis-moi, et mets-toi au lit. Pourquoi penses-tu à ce que t'a dit le médecin? Comme ton visage est brûlant! Comme tous tes membres tremblent! Qu'est-ce donc que t'a dit le médecin? » Et elle entraînait avec elle la marquise, qui recommençait le récit de la visite du docteur.

« Bonne, digne mère! je suis dans mon bon sens; » et elle s'efforçait de sourire. « Le médecin m'a dit que j'étais enceinte. Fais appeler la sage-femme, et sitôt qu'elle nous aura dit que cela n'est pas vrai, je serai tranquille.

— Bien! bien! repartit madame de Géri en réprimant son agitation: elle viendra; il faut qu'elle se moque de toi, et te dise que tu es une folle, agitée de songes trompeurs. » Puis, tirant la sonnette, elle envoya un de ses gens chercher la sage-femme.

La marquise était encore entre les bras de sa mère lorsque cette femme parut. Madame de Géri lui expliqua le mal que ressentait sa fille. La marquise jura qu'elle avait toujours respecté la vertu, et que cependant elle était pénétrée d'un sentiment inconcevable qui la forçait de recourir à une femme de l'art. La sage-femme, tandis qu'elle l'entretenait ainsi, parlait de la bouillante jeunesse et de la perfidie du monde.

« J'ai déjà, assurait-elle, été appelée dans plus d'une circonstance semblable; les jeunes veuves, qui se trouvaient dans le même état que vous, prétendaient toutes avoir vécu sur des îles désertes. Mais calmez-vous; le corsaire impitoyable qui a profité sans doute de l'obscurité d'une nuit sombre se trouvera bientôt. »

A ces mots, la marquise perdit connaissance. Madame de Géri, qui ne put résister à ses sentimens maternels, lui prodigua des secours pour la rappeler à la vie. Mais l'indignation prévalut lorsqu'elle eut repris ses sens.

« Juliette! s'écria-t-elle avec la douleur la plus vive, veux-tu bien tout m'avouer; veux-tu me nommer le père? » Et ses traits annonçaient l'envie de pardonner. Mais lorsque la marquise lui répondit qu'elle en deviendrait folle, sa mère, se levant, s'écria :

« Va! va! tu es indigne de toute pitié. Maudite soit l'heure où je t'enfantai! » Et elle quitta la chambre.

La marquise, qui eût voulu encore une fois ne plus voir le jour, entraîna la sage-femme à côté d'elle, et, tremblante, cacha sa tête sur son sein. « Quelles sont les voies de la nature? lui demanda-t-elle d'une voix entrecoupée; est-il possible qu'une conception ait lieu avec ignorance de cause? »

La sage-femme sourit, et lui dit qu'elle ne croyait pas que ce fût là le cas de madame la marquise.

« Non, non, reprit la marquise, ce n'est pas de moi qu'il s'agit; mais je voudrais savoir, en général, si de pareils phénomènes sont possibles dans l'ordre de la nature.

—Aucune femme sur la terre ne s'est trouvée dans une telle position, excepté pourtant la sainte Vierge. »

La marquise tremblait toujours davantage, elle se croyait à chaque instant sur le point d'accoucher, et supplia la sage-femme de ne pas l'abandonner. Celle-ci la tranquillisa.

« Vos couches sont encore éloignées, je vous indiquerai des moyens de cacher votre état aux yeux du monde, et, il faut l'espérer, tout se passera bien. »

Mais les consolations de cette femme étaient autant de coups de poignard qu'elle portait au cœur de la marquise. Elle la pria donc de se retirer.

A peine la sage-femme était-elle sortie, qu'on apporta à Juliette, de la part de sa mère, un billet ainsi conçu :

« M. de Géri désire, vu les circons-
» tances actuelles, que vous quittiez
» sa maison. Il vous envoie ci-joints
» les papiers concernant votre fortune,
» et il espère que le ciel lui épargnera
» la douleur de vous revoir jamais. »

Le désespoir de la marquise éclata en pleurs abondans. Versant des larmes amères sur l'erreur de ses parens et l'injustice qui en était la suite, elle se rendit dans le cabinet de sa mère. On lui dit qu'elle était avec son père. Elle y courut aussitôt, mais la porte était fermée. Appelant alors tous les saints pour témoigner de son innocence, elle tomba presque sans vie sur le carreau.

Il y avait plusieurs minutes qu'elle gisait ainsi misérablement couchée, lorsque le grand-forestier sortit, et lui dit d'un air courroucé :

« Vous savez bien, madame, que le commandant ne veut plus vous voir.

—Mon frère chéri! » s'écria la marquise en sanglotant : puis se précipitant dans la chambre :

« O mon père! » et elle tendit les bras vers lui. Le commandant se recula dès qu'il l'aperçut, et courut se réfugier dans sa chambre à coucher.

La marquise voulant l'y suivre, il s'écria : « Hors d'ici, malheureuse ! » et voulut rejeter la porte sur elle. Mais la marquise, au milieu de ses gémissemens et de ses pleurs, l'ayant empêché de la fermer, il se retira tout-à-coup, et s'avança rapidement vers le fond de la chambre tandis que sa fille entrait.

Elle se jeta à ses pieds, embrassa ses genoux, lorsqu, se retournant, il lâcha la détente d'un pistolet qu'il avait saisi, et une balle alla frapper le plafond.

« Maître de ma vie ! » s'écria la marquise en se relevant pâle comme un cadavre; et elle se hâta de quitter cette chambre.

« Qu'on se prépare à partir, » dit-elle en entrant dans son appartement. Elle se jeta comme morte sur un siége, fit appeler ses enfans, fit faire tous ses paquets. Elle tenait sur ses genoux le plus jeune, qu'elle enveloppait d'un mouchoir, pour le porter avec elle dans la voiture, lorsque le grand-forestier entra, chargé par le commandant de s'opposer à ce qu'elle emmenât ses enfans.

« Mes enfans? demanda-t-elle en se levant; dis à ton barbare père qu'il peut venir et me tuer, mais que jamais il ne m'enlèvera mes enfans! » puis d'un air calme, et fière de son innocence, elle emmena ceux-ci avec elle dans sa voiture, et partit sans que son frère osât s'y opposer.

Cette noble fermeté lui donna tout-à-coup la conscience de ce qu'elle était, et, de sa propre main, elle se sortit de l'abîme profond dans lequel le sort l'avait jetée. La colère qui brisait son cœur se dissipa lorsqu'elle fut en liberté; elle embrassa tendrement ses enfans, ces chères petites créatures qui lui appartenaient, et ce fut avec une grande satisfaction qu'elle réfléchit à la victoire, que le sentiment intime de son innocence venait de lui faire remporter sur son frère. Sa raison, assez forte pour ne pas se troubler, céda à l'organisation sacrée et obscure du monde. Elle vit l'impossibilité de persuader sa famille de son innocence, comprit qu'elle devait s'en consoler, qu'elle ne devait pas se laisser abattre, et peu de jours s'étaient écoulés depuis son arrivée à la campagne qu'elle choisit pour retraite, que déjà la douleur avait fait place à la courageuse résolution de lutter fièrement avec l'opinion publique. Elle résolut de se renfermer tout-à-fait dans son intérieur, de s'occuper avec un zèle actif de l'éducation de ses deux enfans, et de recevoir avec une tendresse toute maternelle le troisième dont le ciel lui faisait présent. Elle fit des préparatifs pour faire restaurer, dès que ses couches auraient eu lieu, sa campagne, qui, négligée depuis long-temps, se ressentait de l'absence des maîtres. Souvent assise dans le pavillon du jardin, occupée à broder quelque petit bonnet pour son futur nourrisson, elle se plaisait à distribuer ses appartemens selon son goût : dans telle chambre elle plaçait sa bibliothèque, dans telle autre, son chevalet et ses tableaux. L'époque à laquelle le comte Fitorouski devait revenir de Naples n'était pas encore passée, qu'elle était tout-à-fait décidée à vivre toujours dans la solitude la plus complète. Le portier reçut l'ordre de ne recevoir aucun homme dans la maison. Une seule pensée lui était insupportable : l'enfant auquel elle avait donné l'être dans l'innocence et la pureté de son cœur, et dont l'origine, justement parce qu'elle était mystérieuse, lui semblait divine, se verrait rejeté de la société comme le fruit du déshonneur. Elle imagina alors un singulier moyen de découvrir le père, un moyen qui, si elle y avait d'abord pensé, lui aurait causé un effroi mortel. Toutes les nuits elle avait le sommeil agité, souvent interrompu. Elle avait de la peine à s'habituer à sa singulière position, elle cherchait toujours comment pouvoir découvrir l'homme qui l'avait ainsi dégradée. Sans doute, en quelque lieu de la terre qu'il se trouvât, il devait être de la classe la plus vile et la plus abjecte, mais il fallait qu'elle l'épousât, et le sentiment de son honneur, dont lui seul pouvait relever la base, en prenant toujours une influence plus vive et plus forte sur elle, restaura son courage, lui redonna comme une nouvelle vie. Un matin elle envoya aux journaux de M...., le singulier avis qu'on lit en tête de ce récit.

—

CHAPITRE V.

—

Le comte Fitorowski, que des affaires importantes retenaient à Naples, avait cependant écrit pour la seconde fois à la marquise, afin de lui répéter que, quelques circonstances qui pussent advenir, il n'en resterait pas moins fidèle à la déclaration tacite qu'elle lui avait donnée. Aussitôt qu'il eut réussi à se débarrasser du voyage de Constantinople, et que ses autres affaires furent terminées, il partit de Naples, et arriva à M... peu de jours après l'époque fixée par lui. Le commandant le reçut avec un air embarrassé; il prétexta une affaire importante qui l'appelait hors de chez lui, et pria son fils de l'entretenir en son absence.

Le grand-forestier se rendit donc dans son appartement, et, après de courtes salutations, il lui demanda s'il était déjà instruit de ce qui s'était passé dans la maison du commandant en son absence.

« Non, » répondit le comte, dont une légère pâleur couvrit passagèrement les joues.

Alors le maître des forêts lui raconta de quelle honte la marquise venait d'entacher la famille, et les événemens qui en avaient été la suite. Le comte se frappa le front avec désespoir.

« Pourquoi avoir mis tant d'obstacles sur notre chemin? s'écria-t-il. Si nous étions mariés, toute honte eût été effacée, et ce malheur évité.

— Comment! reprit le maître des forêts, seriez-vous assez insensé pour vouloir être l'époux de cette indigne créature?

— Elle est plus estimable, répondit le comte, que tout le monde qui la méprise. Je crois tout-à-fait ce qu'elle dit de son innocence, et dès aujourd'hui je me rends à V.... pour lui renouveler ma proposition. » Puis saisissant son chapeau, il salua le grand-forestier, qui pensa qu'il avait perdu la raison, et s'éloigna.

Se faisant aussitôt amener un cheval, il partit pour V.... Lorsqu'il fut arrivé devant la porte, et qu'il voulut pénétrer dans l'intérieur, le portier lui déclara que madame la marquise ne recevait aucun homme. Le comte demanda si cette mesure, prise sans doute envers les étrangers, concernait aussi un ami de la maison. Le portier répondit qu'il n'y avait point d'exception; puis il ajouta avec un air douteux : « Ne seriez-vous point le comte Fitorowski ?

—Non, » répondit le comte. Puis se tournant vers ses gens, il continua de manière à ce que tous pussent l'entendre : « Puisqu'il en est ainsi, je vais me rendre à l'auberge, et de là j'écrirai à madame la marquise. »

Aussitôt qu'il se trouva hors de la vue du portier, il fit un détour, et longea le mur de clôture du vaste jardin qui s'étendait derrière le bâtiment. Trouvant une petite porte ouverte, il entra dans ce jardin, en parcourut les allées, et il allait monter la rampe du perron, lorsque, dans un pavillon situé sur l'un des côtés, il aperçut la marquise, vêtue de deuil, occupée d'un travail, près d'une petite table. Il s'approcha d'elle avec précaution, en sorte qu'elle ne put le voir que lorsqu'il ne fut plus qu'à trois pas de la table.

« Le comte Fitorowski ! » s'écria la marquise ; et une vive rougeur couvrit aussitôt sa figure.

Le comte sourit, et demeura encore un instant debout, immobile ; puis s'asseyant à ses côtés, il passa son bras autour de sa taille, et la serra contre son sein avant qu'elle eût le temps de s'opposer à une semblable tentative.

« D'où venez-vous, monsieur le comte ? Est-ce bien possible ? dit la marquise, en fixant sur la terre ses regards confus.

— De M....., reprit le comte, en l'attirant doucement à lui. Je suis entré par une petite porte que j'ai trouvée ouverte; j'ai cru pouvoir compter sur votre pardon.

—Ne vous a-t-on pas dit à M.....?...

— On m'a tout dit, femme chérie; mais, bien persuadé de votre innocence......

— Comment! s'écria la marquise, en se dégageant de ses bras et se levant; et vous venez....

—Je viens pour satisfaire le monde, repartit le comte en la retenant avec force; pour satisfaire votre famille, pour relever votre honneur; et il appliqua ses lèvres brûlantes sur son sein.

—Loin de moi! s'écria la marquise.

— Je suis aussi persuadé de votre

innocence, Juliette, que si l'on ne m'avait instruit de rien, que si mon âme habitait votre corps.

—Laissez-moi! répéta la marquise.

—Je suis venu pour renouveler ma proposition, et pour recevoir de votre main le bonheur le plus pur, si vous voulez bien m'écouter.

— Laissez-moi sur-le-champ! je vous l'ordonne. »

Et s'arrachant de ses bras, elle s'enfuit.

« Chère Juliette, ô mon amie! s'écria le comte en la poursuivant.

—Vous entendez, reprit la marquise en se retournant.

— Un seul moment d'entretien, dit le comte, saisissant le bras qu'elle tendait vers lui pour l'inviter à se retirer.

—Je ne veux rien savoir, » repartit la marquise. Puis repoussant le comte avec force, elle monta rapidement le perron et disparut.

Le comte était déjà au haut de la rampe pour obtenir à tout prix un instant d'entretien, quand la porte se ferma avec violence, et un bruit de serrure lui ôta tout espoir. Incertain d'abord sur ce qu'il avait à faire, il hésita un moment, tenté de monter par une fenêtre qu'il voyait entr'ouverte, et de poursuivre son but en dépit des obstacles. Mais il réfléchit bientôt qu'il fallait céder, et, quelque amer qu'il fût pour lui de se retirer, il descendit la rampe en se reprochant d'avoir laissé la marquise s'échapper de ses bras. Il sortit du jardin pour chercher son cheval. Il sentait que tout espoir de s'expliquer auprès d'elle était désormais évanoui, et faisant marcher son cheval au pas, il composa une lettre qu'il résolut de lui écrire.

Dans la soirée, étant assis auprès d'une table, et plongé dans l'humeur la plus noire, il vit entrer le grand-forestier, qui lui demanda si sa visite à V... avait eu un heureux résultat. « Non, » répondit brièvement le comte; et il fut tenté d'accompagner cette réponse d'un geste d'humeur; mais, par politesse, il ajouta un moment après: « Je suis résolu de lui écrire, et bientôt je la justifierai pleinement.

— C'est avec chagrin, reprit le grand-forestier, que je vois votre passion pour la marquise troubler votre raison. Du reste, je puis vous affirmer qu'elle est sur le point de décider autrement de son sort. » Puis tirant le cordon de la sonnette, il se fit apporter le dernier journal sur lequel était l'avis de la marquise concernant le père de son enfant. Le comte parcourut cet avis, tandis qu'une vive rougeur couvrait son visage. Une pénible lutte de sentimens contraires s'établit en lui.

« Ne croyez-vous pas, dit le grand-forestier, que la marquise trouvera celui qu'elle cherche ?

— Sans doute, » répondit le comte ; et toutes les facultés de son âme étaient fixées sur ce papier qu'il semblait dévorer de ses regards. Enfin, après un moment, il posa le journal, s'approcha de la fenêtre, s'écria : « C'est bon ! je sais maintenant ce que j'ai à faire ; » se retourna vers le grand-forestier, le salua poliment en lui demandant s'il aurait le plaisir de le revoir bientôt ; puis sortit tout occupé de sa destinée.

Cependant la maison du commandant avait vu se passer les scènes les plus vives. Madame de Géri était hautement indignée de la dureté cruelle de son époux et de sa propre faiblesse, qui lui avait fait courber la tête sous le joug, sans s'opposer à l'expulsion de sa fille chérie. Au moment où le pistolet était parti dans la chambre du commandant, et où sa fille en était précipitamment sortie, elle était tombée dans un évanouissement qui n'avait heureusement pas eu de suites fâcheuses. Mais lorsqu'elle était revenue à elle, le commandant, jetant le pistolet sur la table, s'était contenté de lui demander pardon de la frayeur qu'il lui avait causée. Puis, quand il avait été question de priver la marquise de ses enfans, elle s'y était opposée, affirmant d'une voix faible et émue qu'il n'en avait pas le droit; mais le commandant, tremblant de fureur, s'était tourné vers le grand-forestier en s'écriant : « Va et amène-les. »

* * *

La seconde lettre du comte Fitowski étant arrivée, le commandant donna l'ordre de la porter à la marquise à V... Le domestique chargé de ce message rapporta qu'après avoir vu l'adresse, la marquise l'avait mise de côté en disant : « C'est bien. » Madame de Géri, à qui l'assentiment de sa fille à ce second mariage avait toujours paru obscur, cherchait en vain à ramener la conversation sur cet objet. Le commandant la priait toujours de se taire d'une manière qui ressemblait plutôt à un ordre. Un jour, enlevant un portrait de la marquise qui se trouvait encore suspendu à la muraille, il jura qu'il voulait la chasser entièrement de sa pensée, et s'imaginer qu'il n'avait pas de fille. Ce fut sur ces entrefaites que parut dans les journaux l'annonce de la marquise.

Madame de Géri, à qui le commandant venait d'envoyer le journal, courut aussitôt à l'appartement de son époux, où elle le trouva occupé à écrire.

« Eh bien ! que penses-tu de cela ? lui demanda-t-elle.

— Oh! elle est innocente, dit le commandant en continuant à écrire.

— Comment ! s'écria madame de Géri avec l'étonnement le plus marqué; innocente !

— Elle l'a fait en dormant, reprit le commandant, sans s'en apercevoir.

— En dormant ! répéta madame de Géri; et une chose aussi inconcevable serait....

— Folle ! » s'écria le commandant; et bouleversant ses papiers, il sortit.

Quelques jours plus tard, tandis

qu'ils étaient tous les deux à déjeûner, madame de Géri lut ce qui suit dans un journal qui venait de paraître :

« Si la marquise d'O... veut se trouver le 3, à 11 heures du matin, dans la maison de M. de Géri son père, celui qu'elle cherche y viendra se jeter à ses pieds. »

Madame de Géri ne put achever cette lecture, la voix lui manqua ; elle passa le journal au commandant. Celui-ci le lut et le relut trois fois, comme s'il ne pouvait en croire ses yeux.

« Au nom du ciel, Lorenzo, dit madame de Géri, que penses-tu de cela ?

— O la misérable ! s'écria le commandant en se levant ; ô l'infâme ! L'effronterie d'une chienne sans pudeur et la ruse du plus fin renard réuniraient en vain tout ce qu'ils peuvent composer de pire pour égaler une pareille indignité. Une semblable figure... de tels yeux... un chérubin n'inspirerait pas plus de confiance. » Et il gémissait, ne pouvant calmer son émotion.

« Par tout ce qui existe, si c'est une ruse, quel est son but? reprit madame de Géri.

— Quel est son but? continua le commandant; elle veut nous forcer à croire son indigne mensonge. La fable qu'ils nous réciteront ici le 3 du mois prochain, ils la savent déjà par cœur. « Ma chère fille, dois-je répondre, je ne le savais pas; qui eût pu le penser? pardonne-moi, reçois ma bénédiction, et reviens à nous. » Mais, une balle dans la tête de celui qui passera le seuil de ma porte le 3! Peut-être vaudrait-il mieux le faire jeter hors de ma maison par mes gens. »

Madame de Géri, après avoir encore une fois relu le journal, dit que s'il fallait choisir entre deux choses inconcevables, elle préférait penser que c'était un jeu inoui du sort, plutôt que de croire à la dégradation d'une fille que jusque là elle avait toujours tendrement chérie. Mais sans la laisser achever, le commandant s'écria :

« Fais-moi le plaisir de te taire, et va-t'en. Je hais même en entendre parler. »

—

CHAPITRE VI.

Peu après ces événemens, le commandant reçût, en confirmation de l'article du journal, une lettre de la marquise dans laquelle elle lui demandait, de la manière la plus touchante et la plus respectueuse, de vouloir bien, puisqu'il lui avait défendu de reparaître chez lui, envoyer à V... celui qui se présenterait dans la matinée du 3 pour elle. Madame de Géri était présente lorsque le commandant reçut cette lettre. Elle lut bientôt sur sa physionomie l'irrésolution qui agitait son esprit. Quel motif aurait pu avoir la dissimulation de la marquise, puisqu'elle n'implorait point de pardon? Enhardie par cette apparence, madame de Géri mit en avant un plan qu'elle avait depuis long-temps formé toute seule.

« J'ai une idée, dit-elle, tandis que le commandant fixait encore sur le papier un regard sans expression. Si vous vouliez me permettre de me rendre pour un ou deux jours à V..., je saurai forcer la marquise à tout m'avouer, lors même qu'elle connaîtrait déjà celui qui a répondu à son avis comme un inconnu, et qu'elle fût la plus astucieuse des femmes. »

Le commandant, froissant la lettre entre ses mains, lui répondit avec la plus vive émotiou : « Vous savez que je ne veux plus rien avoir de commun avec elle, et je vous défends de la revoir. » Puis ramassant les morceaux de la lettre, il les cacheta dans un papier, qu'il adressa à la marquise et remit au messager pour toute réponse. Madame de Géri, indignée de cet amour-propre intraitable qui rejetait toute explication, résolut d'accomplir son projet malgré lui. Elle prit avec elle un chasseur du commandant, et partit le lendemain matin pour V.... A son arrivée devant la porte, le portier lui dit que personne ne pouvait entrer vers la marquise.

« Je dois être exceptée de cette mesure, répondit madame de Géri. Allez, et dites-lui que madame la commandante de Géri demande à lui parler.

— Ce serait inutile ; madame la marquise a déclaré qu'elle ne voulait recevoir qui que ce fût.

— Je suis sûre qu'elle ne refusera pas de me voir, reprit madame de Géri ; je suis sa mère. Allez, ne tardez pas plus long-temps à remplir mon message. »

A peine le portier était-il entré dans la maison pour faire cette commission, qu'il pensait fort inutile, que l'on vit la marquise en sortir, accourir vers la porte, et s'agenouiller devant la voiture de la commandante. Madame de Géri descendit avec l'assistance de son chasseur, et releva la marquise, non sans quelque émotion. La marquise, dominée par la force de ses sentimens, serra violemment sa main, et la conduisit dans sa chambre, tandis que des larmes coulaient le long de ses joues.

« Mon excellente mère, s'écria-t-elle, après l'avoir fait asseoir sur un sopha, pendant que, debout devant elle, elle passait ses mains sur ses yeux pour cacher ses pleurs ; à quel heureux hasard dois-je une visite qui m'est si précieuse ?

— Je viens, dit madame de Géri en serrant tendrement sa fille entre ses bras, te demander pardon de la dureté avec laquelle tu as été chassée de la maison paternelle.

— Pardon! » reprit la marquise ; et elle voulut lui baiser les mains ; mais sa mère les retira, et continua :

« Car, non-seulement l'avis que tu as fait insérer dans les papiers publics, et la réponse qu'on a y faite, nous ont persuadés de ton innocence, mais encore, je dois te l'avouer, à notre grand étonnement, celui-là même qui est l'auteur de cette réponse s'est présenté hier chez nous.

— Qui ? s'écria la marquise en s'asseyant auprès de sa mère ; qui donc s'est présenté ? » et l'attente la plus anxieuse se peignait sur tous ses traits.

« Celui qui est l'auteur de cette réponse, celui à qui s'adressait ton avis.

— Eh bien ! dit la marquise, dont la poitrine se soulevant avec force trahissait l'émotion ; quel est-il ? encore une fois, quel est-il ?

— Je te le laisse à deviner. Pense donc qu'hier, pendant que nous prenions le thé, je lisais justement le journal, un homme qui nous était bien connu se précipite dans la chambre avec les signes du plus violent désespoir, et vient se jeter à nos pieds. Ne sachant que penser de cela, nous l'engageons à parler. Alors il nous dit que sa conscience ne lui laissait plus de repos; qu'il était l'infâme qui avait trompé madame la marquise; qu'il savait bien comment on jugerait sa faute, et quelle vengeance on en tirerait, mais qu'il venait lui-même s'offrir en sacrifice.

— Mais qui? qui? qui? s'écria la marquise.

— Comme je te l'ai dit, un jeune homme bien élevé, que nous n'aurions jamais cru capable d'une pareille perfidie. Mais ne t'effraieras-tu point, ma fille, en apprenant qu'il est de la classe la plus basse, et qu'il est dépourvu de toutes les qualités qu'on aurait pensé devoir être l'apanage de ton époux?

— Qu'importe! ma mère; il n'est pas tout-à-fait indigne, puisqu'il est allé se jeter à vos pieds avant de venir se jeter aux miens. Mais qui est-il? dites-le-moi, qui?

— Eh bien! reprit sa mère, c'est Léopardo, le chasseur que ton père fit venir tout jeune du Tyrol. Je l'ai amené pour te le présenter comme ton fiancé, si tu le reconnais.

— Léopardo le chasseur! s'écria la marquise, en se frappant le front avec désespoir.

— Eh bien! qu'est-ce qui t'effraie? as-tu quelque raison d'en douter?

—Comment? où? quand? demanda la marquise interdite.

— Il ne l'avouera qu'à toi seule. La honte et l'amour l'empêchent de confier cela à nul autre. Mais si tu veux ouvrir la porte de l'antichambre, où il est dans l'attente et l'inquiétude, je m'éloignerai, afin que tu puisses percer ce mystère.

— Mon Dieu! s'écria la marquise; un jour, pendant la chaleur brûlante du soleil de midi, je m'étais endormie, et en m'éveillant je le vis se lever de dessus le canapé. » Et en même temps elle couvrit de ses deux mains sa figure couverte d'un vif incarnat. Mais sa mère, en entendant ces paroles, était tombée à genoux devant elle.

« O ma fille! ô excellente fille! » s'écria-t-elle, et elle la serra entre ses bras. « Et moi, indigne que je suis! » puis elle se cacha dans son sein.

« Qu'avez-vous, ma mère? demanda la marquise étonnée.

— Imagine-toi, ô toi qui es plus pure que les anges du ciel, que de tout ce que je t'ai dit il n'y a pas un mot de vrai; que mon âme corrompue ne pouvait croire à tant d'innocence, et que j'ai inventé cette ruse pour m'en convaincre.

—Ma bonne mère! » s'écria la marquise; et, pleine d'une douce émotion, elle se baissa vers elle et voulut la relever; mais elle s'y opposa.

« Non, je ne bouge pas de cette place avant que tu m'aies dit si tu me pardonnes mon indignité, ô toi qui es si pure, si angélique!

— Moi, vous pardonner! ma mère, levez-vous, je vous en conjure!

— Tu entends, je veux savoir si tu pourras m'aimer et me respecter autant que jadis?

— Ma digne mère, dit la marquise en se mettant aussi à genoux devant elle, le respect et l'amour ne sont jamais sortis de mon cœur. Qui pouvait me croire dans des circonstances si inouies? combien je suis heureuse que vous soyez persuadée de mon innocence!

—Eh bien! reprit madame de Géri, en se relevant soutenue par sa fille, je veux te porter sur mes bras, ma tendre enfant; tu feras tes couches chez moi, et si j'attendais de toi un jeune prince, je ne te traiterais pas avec plus de tendresse et d'honneur que tu le seras. Les jours de ma vie ne s'écouleront plus loin de toi; je brave l'opinion du monde entier; je ne veux pas d'autre honneur que ta honte, pourvu que tu veuilles encore m'aimer, et ne plus penser à la dureté avec laquelle je t'abandonnai. »

La marquise chercha à la consoler par ses caresses et ses sermens sans fin; mais la soirée s'écoula et minuit sonna avant qu'elle réussît. Le lendemain, l'affliction de madame de Géri, qui, pendant la nuit, l'avait agitée comme une fièvre ardente, s'étant un peu calmée, la mère et la fille partirent comme en triomphe pour retourner à M...

Elles furent très-gaies durant le

voyage, plaisantant sur Léopardo le chasseur, qui était assis devant sur le siége. Madame de Géri remarqua que sa fille rougissait chaque fois que ses yeux se fixaient sur lui. La marquise répondit en souriant et soupirant tout à la fois : « Qui sait qui nous apparaîtra enfin le 3 à onze heures du matin? »

Plus on approchait de M..., plus les visages devenaient sérieux, par le pressentiment des scènes décisives qui allaient se passer. Madame de Géri, qui ne voulait pas communiquer son plan, conduisit sa fille dans son ancienne chambre dès qu'elles furent arrivées, et lui dit de se reposer, de ne pas s'inquiéter, et que bientôt elle allait revenir. Environ une heure plus tard, elle rentra, le visage fort animé.

« Non, s'écria-t-elle avec une joie qui se décelait malgré elle, non, il est impossible d'être plus incrédule. N'ai-je pas été obligée d'employer une heure entière pour le convaincre? Mais à présent il pleure.

— Qui? demanda la marquise.

— Lui, répondit sa mère : quel autre a plus de sujet de le faire?

— Ce n'est pas mon père? s'écria la marquise.

— C'est lui; il pleure comme un enfant, et si je n'avais eu moi-même des larmes à essuyer, j'aurais ri en le laissant dans cet état.

— Et cela à cause de moi? et je resterai ici....? dit la marquise en se levant.

— Ne bouge pas de cette place, mon enfant. Pourquoi me dicta-t-il cette lettre? Qu'il vienne te chercher s'il veut jamais me revoir?

— Ma bonne mère!

— Sans pitié! s'écria la commandante l'interrompant. Pourquoi prit-il un pistolet?

— Mais je vous en conjure....

— Tu ne le dois pas, continua madame de Géri en faisant rasseoir sa fille, et s'il ne vient pas aujourd'hui, je pars demain avec toi.»

La marquise qualifia cette résolution de barbare et injuste. Mais sa mère repartit :

« Tranquillise-toi, car j'entends venir quelqu'un; c'est lui, sans doute.

— Où? demanda la marquise, en prêtant l'oreille; est-ce lui qui là dehors frappe contre la porte?

— Sans doute; il veut que nous lui ouvrions.

— Laissez-moi! s'écria la marquise en s'élançant de son siége.

— Juliette, si tu m'aimes, demeure,» répondit sa mère; et au même instant le commandant entra, la figure cachée dans son mouchoir. Madame de Géri lui tournant le dos se plaça devant sa fille.

« Mon père! s'écria la marquise en tendant les bras vers lui.

— Ne bouge pas de cette place, répéta sa mère; tu m'entends! »

Le commandant, debout au milieu de la chambre, versait d'abondantes larmes.

« Il faut qu'il implore son pardon, continua madame de Géri. Pourquoi est-il si vif? pourquoi est-il si dur? Je l'aime, mais je t'aime aussi; je le respecte, mais je te respecte aussi. Et s'il faut prononcer entre vous deux, tu vaux mieux que lui, aussi je demeure avec toi. »

Le commandant, brisé par la douleur, poussait des sanglots et des gémissemens qui retentissaient dans la salle.

« Mais, mon Dieu!... s'écria la marquise, en résistant à sa mère et en prenant son mouchoir de poche pour essuyer ses larmes qui coulaient avec abondance.

— Il ne peut pas seulement parler, dit madame de Géri, il pleure. »

La marquise, s'élançant alors vers lui, l'embrassa, le supplia de se calmer. Elle pleurait elle-même. Elle voulait le faire asseoir, mais le commandant ne répondit rien; il était immobile, restant debout; il tenait ses regards honteux fixés sur le plancher.

« Mais il en deviendra malade, » dit la marquise, en se tournant vers sa mère.

Madame de Géri elle-même, voyant son état douloureux, sentait faiblir sa fermeté. Le commandant, cédant enfin aux instances de sa fille, s'assit à côté d'elle, et celle-ci, tombant à ses pieds, le combla de ses caresses. Alors madame de Géri reprenant la parole :

« C'est bien, dit-elle ; tout ce qui lui arrive, il l'a mérité ; maintenant il reviendra à la raison. » Et sortant de la chambre, elle les laissa seuls.

Sitôt qu'elle fut dehors, elle sécha ses larmes ; pensant aux dangereuses suites que pouvaient avoir pour le commandant d'aussi fortes émotions, elle résolut de faire appeler un médecin si cela devenait nécessaire, puis se rendant elle-même à la cuisine, elle fit préparer pour le souper tout ce qu'elle put imaginer de plus réconfortant et de plus adoucissant, fit chauffer son lit pour l'y faire mettre sitôt qu'elle le verrait paraître donnant la main à sa fille, et enfin, tout étant prêt, elle retourna dans l'appartement de la marquise voir ce qui s'y passait. En appliquant son oreille contre la porte, elle entendit un léger murmure, comme la douce voix de la marquise; puis regardant par le trou de la serrure, elle vit sa fille assise sur les genoux du commandant qui la tenait serrée entre ses bras comme jamais de sa vie il ne l'avait fait. Elle ouvrit alors et entra le cœur plein de joie. Sa fille était à demi couchée, les yeux presque fermés, sur les genoux de son père qui la couvrait de ses baisers. Elle se taisait, lui aussi. Il la regardait avec l'amour d'un amant qui est auprès de son amie, et il ne se lassait pas de coller ses lèvres sur les siennes. Madame de Géri éprouva un bonheur céleste à ce spectacle; invisible derrière le siége où ils étaient assis, elle tremblait de troubler cette félicité parfaite qui venait de nouveau habiter sa demeure. Elle s'approcha enfin tout doucement, et vint se mettre à côté de son mari, qui, tout occupé d'embrasser sa fille, ne s'aperçut pas d'abord qu'elle s'asseyait auprès de lui. Lorsque se retournant le commandant l'aperçut, ses yeux se baissèrent aussitôt, la honte couvrit son visage de rougeur. Mais voyant cela, madame de Géri s'écria :

« Que se passe-t-il donc ici ? » puis embrassant son mari, elle mit fin en plaisantant à cette scène touchante. Elle les conduisit à la table qu'on venait de servir pour le souper. Le commandant parut très-gai, mais de temps en temps il pleurait, il mangeait peu, et ne parlait pas ; les yeux fixés sur son assiette, il jouait avec la main de sa fille.

—

CHAPITRE VII.

—

Le jour suivant, dès le matin, la première question fut : « Qui pourra se présenter à onze heures ? » car c'était le fatal 3. Le père, la mère et le frère lui-même étaient d'accord pour le mariage, quelle que fût la personne, pourvu que son rang dans le monde ne fût pas tout-à-fait abject. Seulement il fallait tout faire pour rétablir la marquise dans une position heureuse et honorable. Si cependant l'individu, malgré tout ce qu'on pourrait faire pour lui, restait encore trop en arrière de la condition de la marquise, ses parens s'opposaient au mariage. Ils résolurent, dans ce dernier cas, de garder leur fille auprès d'eux et d'adopter l'enfant. La marquise, au contraire, était bien décidée à épouser l'homme qui se présenterait, quel qu'il serait, pourvu que ce ne fût pas un scélérat, et à procurer, quoi qu'il en coûtât, un père à son enfant. On agita ensuite la question de savoir comment on recevrait celui qui allait se présenter. Le commandant pensa qu'il convenait beaucoup que la marquise demeurât seule pour le recevoir; la marquise s'y opposa : elle voulait que ses parens et son frère fussent présens à l'entretien, parce qu'elle ne voulait avoir aucun mystère à partager avec cette personne. Elle pensait d'ailleurs que c'était aussi là le désir de l'auteur de la réponse, qui avait assigné la maison du commandant comme lieu du rendez-vous, circonstance qui lui avait plu dans cette annonce. Madame de Géri, prévoyant le sot rôle qu'auraient à jouer son mari et son fils dans cette entrevue, pria sa fille de leur permettre de s'éloigner, lui promettant de rester avec elle, et d'assister à la réception de celui qui devait venir. La marquise, après quelque contestation, adopta ce dernier avis. L'heure fatale, attendue avec tant d'anxiété, arriva enfin. Quand onze heures sonnèrent, les deux femmes, parées comme pour un mariage, se rendirent dans le salon. Le cœur leur battait avec tant de force qu'on en voyait les pulsations au travers de leurs vêtemens. La cloche n'avait pas fini de sonner, que Léopardo le chasseur entra : les deux femmes pâlirent à sa vue.

« Le comte Fitorouski, dit-il, vient d'arriver et se fait annoncer.

— Le comte Fitorouski ! s'écrièrent-elles toutes les deux, tandis que dans leur intérieur une anxiété succédait à une autre.

— Fermez les portes, dit la marquise ; nous n'y sommes pas pour lui. » Puis se levant, elle voulut pousser dehors le chasseur, et tirer le verrou de la porte, lorsque le comte, revêtu de la même redingote, des mêmes ordres et des armes qu'il portait le jour de la conquête du fort, entra dans le salon. La marquise faillit tomber de saisissement ; relevant un mouchoir qu'elle avait laissé sur son siége, elle voulut fuir dans une chambre voisine; mais madame de Géri, lui prenant la main, s'écria : « Juliette! » et comme oppressée par ses sentimens, la voix lui manqua Mais bientôt, fixant ses yeux sur le comte, elle répéta : « Juliette, je t'en supplie; qui donc attendions-nous?

— Oh! ce n'était pas lui, » s'écria la marquise en se détournant; puis elle jeta un regard terrible sur le comte, tandis que la pâleur de la mort couvrait son visage.

Le comte avait posé un genou en terre, la main droite appuyée sur son cœur, la tête doucement inclinée sur sa poitrine; il regardait fixément devant lui, et se taisait.

« Qui donc, s'écria la commandante avec une voix oppressée, qui donc attendions-nous, si ce n'est lui? folles que nous sommes! »

La marquise, les yeux fixés sur lui, demeurait immobile.

« Je deviendrai folle, ma mère, dit-elle enfin.

— Toi folle! » reprit sa mère; et s'approchant, elle lui souffla quelques mots à l'oreille.

La marquise, cachant alors sa tête dans ses mains, se jeta sur le sopha.

« Malheureuse! s'écria sa mère, que 'e manque-t-il? qu'est-il arrivé à quoi tu ne fusses prête? »

Le comte ne quittait pas sa place aux côtés de la commandante; toujours à genoux, il tenait le bas de sa robe entre ses mains, et le couvrait de ses baisers.

« Chère marquise, tendre et digne amie! » murmurait-il; et des larmes roulaient sur ses joues.

« Levez-vous, levez-vous, monsieur le comte, dit madame de Géri;

consolez ma fille; nous sommes tous réconciliés, tout le passé est oublié. »

La comte se leva en pleurant; il se jeta de nouveau aux pieds de la marquise, prit doucement ses mains dans les siennes, comme s'il eût eu peur de les souiller. Mais celle-ci se levant :

« Allez! allez! s'écria-t-elle; j'attendais un homme corrompu, mais non un.... diable! » Puis ouvrant la porte, et le fuyant comme un pestiféré, elle dit : « Qu'on appelle le commandant.

— Juliette! » dit madame de Géri surprise.

La marquise promenait ses regards, où se peignait l'égarement, tantôt sur le comte, tantôt sur sa mère; sa poitrine se soulevait avec peine; sa figure était brûlante; l'aspect d'une furie n'est pas plus affreux.

Le commandant et le grand-forestier vinrent. « Cet homme, mon père, dit-elle au moment où ils entraient, ne peut être mon époux.» Puis, saisissant un vase d'eau bénite placé derrière la porte, elle en arrosa son père, sa mère et son frère, et disparut.

Le commandant, stupéfait de cette singulière conduite, demanda ce qu'il était arrivé; il pâlit, lorsqu'au même instant il aperçut le comte Fitorowski dans la chambre. Madame de Géri prit le comte par la main, et dit :

«Point de questions. Ce jeune homme se repent vivement de tout ce qui est arrivé; donne-lui ta bénédiction, donne-la-lui, oh! donne-la-lui, et tout finira heureusement.»

Le comte était comme anéanti. Le commandant posa sa main sur lui; ses paupières s'ouvraient et se fermaient convulsivement, ses lèvres étaient blanches comme du marbre.

« Puisse la vengeance du ciel s'éloigner toujours de cette tête ! s'écria-t-il ; mais quand le mariage se fera-t-il ?

— Demain, » répondit pour lui madame de Géri, car il ne pouvait articuler une parole. « Demain ou aujourd'hui même, comme tu voudras. Le comte, qui nous a déjà montré tant de belles qualités, est sans doute impatient de réparer le mal qu'il a fait, et le plus tôt sera le mieux pour lui.

— J'aurai donc le plaisir de vous trouver demain matin à onze heures dans l'église de Saint-Augustin, » dit le commandant ; et appelant sa femme et son fils, il laissa le comte seul, pour se rendre dans l'appartement de la marquise.

On chercha en vain à obtenir de la marquise l'explication de sa singulière conduite. Quand on lui demandait pourquoi elle avait ainsi subitement changé de résolution, et ce qui pouvait lui rendre le comte plus haïssable que tout autre, elle regardait son père en ouvrant de grands yeux et ne répondait rien.

—As-tu donc oublié que je suis ta mère? lui dit la commandante.

« C'est dans cette occasion, plus que jamais, que je sens que je suis votre fille, » assura-t-elle; mais prenant à témoins tous les anges et tous les saints, elle jura que jamais elle ne se marierait.

Son père, la voyant évidemment dans une exaspération mentale, lui déclara qu'elle devait tenir sa parole, la quitta, et ordonna tout pour le mariage. Il envoya au comte un projet de contrat, que celui-ci lui rendit avec sa signature, et baigné de ses larmes.

Le lendemain, lorsque le commandant présenta ce projet à la marquise, ses esprits étaient un peu calmés. Elle le lut plusieurs fois, le plia, puis le rouvrit pour le relire encore, et finit par dire qu'elle se trouverait à onze heures à l'église de Saint-Augustin. Elle s'habilla sans prononcer une parole, et quand l'heure sonna, elle monta avec ses parens dans la voiture qui devait les conduire.

Devant le portail de l'église, il fut permis au comte de se joindre à eux. La marquise, durant toute la cérémonie, tint les yeux fixés sur l'autel; elle ne jeta pas un regard sur celui qui échangeait son anneau avec elle. Le comte lui offrit son bras pour sortir, mais dès qu'ils furent hors de l'église, elle le repoussa. Le commandant lui demanda s'ils n'auraient pas l'honneur de le voir chez eux; mais le comte, balbutiant quelques excuses que personne n'entendit, salua et disparut. Il prit un logement à M...., où il passa plusieurs mois sans remettre le pied dans la maison de M. de Géri, chez lequel la comtesse était restée. Sa conduite sage et prudente durant cet espace de temps lui valut d'être invité au baptême du fils dont la comtesse accoucha. Elle le reçut elle-même à son entrée dans le salon, avec un salut respectueux et réservé. Le comte jeta parmi les présens dont les convives comblaient le nouveau-né deux papiers, dont l'un contenait le don de 2000 roubles à l'enfant, et l'autre était un testament par lequel, dans le cas où il mourrait avant sa femme, il la constituait héritière universelle de tous ses biens. De ce moment, il fut admis plus souvent dans la société de madame de Géri; la maison lui fut ouverte, et il ne laissait guère passer de soirée sans y venir. Sentant que tout le monde lui pardonnait sa faute, il recommença à implorer la pitié de son épouse, et obtenant d'elle, après l'espace de deux ans, un nouvel assentiment, ils célébrèrent de secondes noces plus joyeuses que les premières; après quoi, toute la famille se retira à V....

Une longue suite de petits Russes suivit le premier; et le comte demandant un jour à sa femme pourquoi, le jour fatal où il était venu se présenter dans la maison de son père, elle l'avait fui comme un démon, elle répondit en le serrant tendrement dans ses bras :

« O mon ami! tu ne me serais pas apparu alors comme un diable, si la première fois que je t'ai vu, tu ne m'avais semblé un ange descendu du ciel. »

LE

TREMBLEMENT DE TERRE

DU CHILI.

LE
TREMBLEMENT DE TERRE
DU CHILI.

Un jeune Espagnol, accusé d'un crime, se trouvait dans les prisons de Saint-Iago, capitale du Chili, au moment où se fit sentir le tremblement de terre de 1647, qui coûta la vie à plusieurs milliers de personnes. Attaché à un pilier de son cachot, il avait résolu de mettre fin lui-même à sa malheureuse existence.

Don Henri Asteron, l'un des plus riches nobles de la ville, l'avait, environ une année auparavant, éloigné de sa maison, où il était placé comme précepteur, parce qu'il avait découvert une intrigue amoureuse entre lui et sa fille dona Josepha. Un rendez-vous mystérieux dénoncé au vieux seigneur par son orgueilleux fils, après qu'il eut vivement réprimandé sa fille, le détermina à la faire retirer dans le couvent carmélite de nos saintes Dames de la Montagne. Par un hasard heureux, Jeronimo ayant trouvé moyen de renouer là leur intrigue, le couvent avait été durant une belle nuit le théâtre de leur félicité.

C'était le jour de la Fête-Dieu, et la procession solennelle des nonnes, suivie par les novices, commençait à défiler, lorsque l'infortunée Josepha, au premier son de la cloche, tomba, saisie du mal d'enfant, sur les degrés de la cathédrale. Cet accident fit un éclat extraordinaire. Sans pitié pour son état, on enferma aussitôt la jeune fille dans un cachot, et à peine fut-elle relevée de ses couches, que, sur l'ordre de l'archevêque, on lui intenta un procès très-grave. On parlait de ce scandale dans toute la ville avec indignation, et la honte en était rejetée sur tout le couvent qui en avait été le théâtre. Aussi, ni l'intercession de la famille Asteron, ni le désir de l'abbesse elle-même, qui aimait cette jeune personne malgré son indigne conduite, ne purent adoucir la rigueur dont les lois monacales la menaçaient. La seule chose qu'on put obtenir, c'est que la peine de mourir par le feu, à laquelle elle serait condamnée, fut, à la sollicitation des femmes et des filles de Saint-Iago, commuée, par un ordre du vice-roi, en celle de la décapitation.

On louait les fenêtres dans les rues que devait traverser le cortége, on montait sur les toits des maisons, et les dignes demoiselles de Saint-Iago se rendaient de toutes parts chez celles de leurs amies qui avaient le bonheur de demeurer sur cette route fatale, pour jouir auprès d'elles du spectacle que la vengance céleste allait donner.

Jeronimo, qui avait aussi été mis en prison, perdit presque la raison quand il apprit la déplorable issue de cette affaire. En vain il essaya de se sauver; partout où ses idées le portaient pour trouver une issue, il ne rencontrait que murs et verrous; une tentative qu'il fit pour sortir par la fenêtre de son cachot, n'aboutit qu'à rendre sa réclusion plus dure encore. Surpris dans cet essai, il fut dès lors resserré dans une plus étroite captivité. Renonçant à tout espoir de fuite, il se précipita aux pieds d'une petite image de la sainte Vierge, lui adressant de ferventes prières, comme à la seule personne qui pût encore le sauver. Mais le funeste jour parut, et avec lui l'intime persuasion que son horrible destin n'éprouverait aucun soulagement. Les cloches, dont les sons accompagnaient Joséphine à la place fatale, retentissaient déjà, et le désespoir s'empara de son âme. La vie lui parut insupportable, il résolut de se donner la mort au moyen d'une corde qui se trouvait par hasard en sa possession.

Il était, comme nous l'avons dit, occupé à assujétir cette corde à un clou planté dans un pilier, lorsque tout-à-coup la plus grande partie de la ville s'abîma avec un bruit tel qu'on eût dit que le firmament s'écroulait, et que tout être vivant périssait enseveli sous ses décombres.

Jeronimo Rugera demeura immobile, plein d'effroi, comme si tout son être eût été brisé; il se retenait avec force contre ce même pilier qu'il avait peu auparavant voulu rendre témoin et acteur de sa mort. Le terrain tremblait sous ses pieds, tous les murs de sa prison étaient ébranlés, tout le bâtiment menaçait de couvrir la rue de ses ruines, et sa rencontre avec la maison située vis-à-vis, qui tombait dans le même instant, formant une voûte accidentelle, put seule empêcher sa destruction totale.

Jeronimo, tremblant, s'avança d'un pas chancelant vers l'ouverture que le choc des deux bâtimens avait occasionée dans le mur de la prison; ses genoux pliaient sous lui, ses jambes refusaient de le porter. A peine fut-il dehors, que toute la rue entière, déjà fortement ébranlée, tomba à une seconde secousse en un monceau de ruines. Ne sachant comment il pourrait se retirer de cette destruction générale, il s'éloigna rapidement au milieu des décombres, et tandis que de tous côtés il voyait la mort sur son passage, il s'avança vers la porte de la ville, la plus prochaine. Là une maison s'écroulant encore, ses débris roulant au loin le chassèrent dans une rue voisine; les flammes s'élançant dans les airs lui offrirent un horrible spectacle, qui le força encore de fuir; le fleuve Mapocho, lancé hors de ses rives, roulait au-devant de lui ses flots dévastateurs. D'un côté, c'était un monceau de morts; là, des voix se faisaient encore entendre sous les débris; plus loin, des malheureux, au milieu des flammes, poussaient des cris de désespoir; des hommes et des animaux étaient emportés pêle-mêle au milieu des flots, tandis que de courageux sauveurs voyaient leurs efforts vaincus par la fatigue et le nombre; la pâleur de la mort régnait sur toutes les figures, et des bras s'élevaient vers le ciel pour implorer du secours.

Quand Jeronimo arriva vers la porte et lorsqu'il eut atteint une petite colline située à quelque distance, il tomba presque sans vie.

Après être resté ainsi évanoui pendant près d'un quart-d'heure, il revint à lui, et le dos tourné à la ville, il se releva à demi. Il ne pouvait se rendre compte de son état, et un doux ravissement s'empara de lui, lorsqu'une brise de la mer vint ranimer tout-à-fait ses sens, et que ses yeux, recouvrant la vue, purent se promener sur les environs enchanteurs de Saint-Iago. Seulement cette dévastation qui se faisait remarquer de toutes parts chagrinait son cœur; il ne pouvait concevoir ce qui avait pu l'occasioner, ainsi que sa délivrance. Le souvenir de l'horrible instant auquel il devait la vie ne se représenta à son esprit que lorsque, se retournant, il vit la ville en ruines. Il se jeta la face contre terre pour remercier Dieu de ce merveilleux prodige. Oubliant tous les coups de la fortune qui avaient d'abord brisé son courage, il pleura de joie de pouvoir encore une fois jouir du bonheur de vivre; mais l'anneau qu'il portait à l'un de ses doigts lui rappela tout-à-coup Joséphine, et avec elle sa prison, la cloche qu'il avait entendue, et l'instant qui avait précédé celui de la destruction générale. Une profonde angoisse remplit de nouveau son cœur. La prière le calma cependant un peu, et l'être qui domine au-dessus des nuages lui parut alors redoutable.

Se mêlant à la foule qui, occupée à sauver ses richesses, sortait des portes de la ville, il s'informa de la fille d'Asteron ; mais personne ne put lui donner de sûrs renseignemens. Une femme qui, chargée d'une foule d'objets et de deux enfans, courbait jusqu'à terre son dos fatigué, lui dit en passant, comme si elle l'avait elle-même vu :

« O mon Dieu ! elle a eu la tête tranchée ! »

Jeronimo se détourna, et ses calculs ne lui laissant malheureusement pas de doute, il dut croire son amante exécutée, et se retira dans un petit bois pour s'abandonner à sa douleur. Il désirait, dans son désespoir, que la nature se bouleversât encore une fois autour de lui : pourquoi avait-il échappé à la mort, qu'il cherchait, et qu'il avait vu faire tant de ravages à ses côtés? Après avoir versé d'abondantes larmes, il sentit une faible lueur d'espérance renaître en son cœur, et se mit à parcourir ce champ de désolation dans toutes les directions possibles. Chaque retraite fut visitée par lui ; tous les fugitifs répandus sur les sentiers passèrent à son inspection ; il portait ses pas partout où le vent agitait un vêtement de femme ; mais aucun ne recouvrait la tendre fille d'Asteron.

Le soleil était déjà sur le point de disparaître, et avec lui son dernier espoir, lorsque, étant arrivé sur un rocher, il aperçut au-devant de lui une vaste vallée dans laquelle un petit nombre de gens seulement avaient cherché un asile. Il parcourut, incertain sur ce qu'il devait faire, ces groupes épars, et il allait se retirer, lorsqu'une jeune femme, assise près d'une source, et occupée à laver un enfant dans les flots de cette onde pure, attira son attention. Son cœur battit avec violence à cet aspect; plein d'un pressentiment qui n'était pas trompeur, il s'élança au bas des rochers en s'écriant :

« O mère de Dieu! toi sainte Vierge! » et il reconnut Josepha qui, troublée de cette exclamation, s'était levée. Avec quelle pure félicité ils s'embrassèrent, ces infortunés qu'un miracle du ciel avait sauvés! Josepha, conduite au supplice, se voyait déjà bien près de la place fatale, lorsque tout-à-coup le renversement des maisons voisines était venu dissiper le cortége qui l'entourait. Ses premiers pas la dirigèrent involontairement vers la porte la plus voisine; mais recouvrant bientôt toute sa raison, elle était revenue dans la ville, et s'était rendue au couvent où était resté son malheureux petit enfant abandonné. Elle trouva le couvent déjà tout en feu, et l'abbesse, à laquelle, dans ces momens terribles qui devaient être les derniers pour elle, elle avait confié le soin de son enfant, était justement devant le portail, occupée à crier pour qu'on lui portât du secours. Josépha, sans éprouver de crainte, se précipita, par la rampe qui était ouverte, dans ce bâtiment dont tous les murs menaçaient de s'écrouler sur elle, et, comme protégée par une légion d'anges, elle reparut bientôt saine et sauve, portant entre ses bras l'enfant que le ciel lui avait donné de sauver d'une mort certaine. Elle voulut serrer contre son cœur l'abbesse qui lui donnait sa bénédiction, lorsqu'une partie de la maison, tombant avec un fracas épouvantable, l'écrasa avec toutes les religieuses, de la manière la plus horrible. Josepha frémit à cet affreux spectacle; elle ferma les yeux de l'abbesse, et, pleine d'un effroi mortel, elle s'enfuit avec son cher enfant. Elle avait encore fait peu de chemin, lorsqu'elle rencontra le corps de l'archevêque, qu'on rapportait tout meurtri et défiguré par les décombres de l'église. Le palais du vice-roi était tombé; le tribunal où son jugement avait été prononcé était en feu, et à la place où s'élevait naguère la maison de son père se trouvait un lac dont s'exhalaient en bouillonnant des vapeurs roussâtres.

Josepha rassembla toutes ses forces pour se soutenir. Étouffant la douleur qui dévorait son âme, elle s'éloigna courageusement de rue en rue avec son précieux fardeau, et déjà elle était près de la porte, lorsqu'elle vit les ruines de la prison où Jeronimo avait été enfermé. A cet aspect, elle se sentit défaillir, et voulut s'asseoir sur un angle de pierre; mais, au même instant, elle en fut chassée par la chute d'un bâtiment qui tomba avec un grand bruit derrière elle. Elle embrassa son enfant, essuya les larmes qui inondaient ses paupières, et courut vers la porte sans plus regarder la destruction qui l'entourait. Lorsqu'elle se vit en pleine campagne, elle comprit que tous ceux qui s'étaient trouvés dans des maisons écroulées n'avaient pas nécessairement péri. Au premier chemin de traverse qu'elle trouva, elle s'arrêta, et demeura calme pour attendre si celui qui lui était le plus cher après son enfant ne viendrait point. Son attente fut vaine, il ne vint pas. La foule augmentait à chaque instant, et elle ne cessait de la parcourir en tous sens pour tâcher de le découvrir. Enfin, versant un torrent de larmes, elle avait pris le parti de se retirer dans une sombre vallée ombragée de sapins, où elle pourrait prier pour son âme; et c'était là qu'elle avait retrouvé son amant et le bonheur. Cette vallée s'était changée en un nouvel Eden. Josepha fit tout ce récit non sans une vive émotion; puis, quand elle l'eut achevé, elle présenta son enfant à Jeronimo pour l'embrasser.

Jeronimo le prit, le serra contre son cœur avec une affection toute paternelle, et comme, effrayé par ce visage inconnu, il poussait des cris perçans, le couvrant de baisers, il ferma sa petite bouche de ses lèvres.

Cependant la nuit la plus belle descendait sur la terre, accompagnée d'une douce rosée, silencieuse et empreinte d'une lueur argentée, telle, en un mot, qu'un poète peut la rêver. De tous côtés, le long du ruisseau qui arrosait la vallée, des hommes se couchaient au clair de la lune, se préparant des lits de mousse et de gazon, pour reposer après un jour si terrible. L'on entendait toujours les gémissemens des malheureux; l'un regrettait sa maison; l'autre, sa femme et son enfant; un troisième avait tout perdu, parens, amis, fortune. Jeronimo et Josepha se retirèrent dans un bosquet près de là pour ne pas être troublés dans leur bonheur par ces plaintes pénibles à entendre. Ils trouvèrent un superbe grenadier dont les branches, chargées de fruits, s'étendaient au loin. Le rossignol faisait entendre ses accens si doux. Jeronimo s'étendit sur l'herbe, et Josepha, l'enfant couché sur son sein, s'étant mise auprès de lui, ils reposèrent ainsi doucement. L'ombre des arbres se jouait déjà sur eux, et la lune pâlissait devant les premiers rayons de l'aurore, avant qu'ils fussent endormis. Ils avaient une infinité de choses à se dire sur le couvent et la prison, sur ce qu'ils avaient souffert l'un pour l'autre; leur émotion était vive et profonde en pensant à la misère générale qui avait causé leur délivrance. Ils résolurent, sitôt que les tremblemens de terre auraient tout-à-fait cessé, d'aller à la Conception, où Josepha avait une amie intime; puis de là, avec les petits secours qu'elle recevrait d'elle, de s'embarquer pour l'Espagne, où demeuraient les parens de Jeronimo, et d'y couler tranquillement des jours heureux. Après ces beaux projets, ils s'endormirent au milieu des plus tendres baisers.

Quand ils s'éveillèrent, le soleil était déjà élevé au-dessus de l'horizon, et ils remarquèrent près d'eux plusieurs familles occupées à préparer leur déjeûner près du feu. Jeronimo réfléchissait justement au moyen de se procurer quelques alimens, lorsqu'un jeune homme bien vêtu, portant un enfant dans ses bras, s'approcha de Josepha, et lui demanda si elle lui refuserait de donner un instant le sein à cette pauvre petite créature, dont la mère gissait blessée au pied d'un arbre. Josepha fut un peu émue en voyant une figure de connaissance; mais lui, remarquant son trouble, continua :

« Ce n'est que pour quelques intans, dona Josepha, et cet enfant n'a rien pris depuis l'heure fatale qui a fait notre malheur.

—Un autre motif m'imposait le silence, don Fernando; dans ces temps horribles, personne ne refuse de partager ce qu'il possède. » Puis elle prit l'enfant et le plaça sur son sein, après avoir remis le sien propre à son père.

Don Fernando fut très-reconnaissant de cette complaisance. Il leur demanda s'ils ne voulaient pas s'approcher du reste de la société qui préparait un petit déjeûner près du feu. Josepha accepta cette invitation avec plaisir, et le suivit vers sa famille, où elle fut reçue de la manière la plus tendre et la plus aimable par les deux belles-sœurs de Fernando, qu'elle connaissait pour de très-dignes personnes. Dona Elvire, épouse de don Fernando, qui, cruellement blessée aux pieds, était couchée sur le gazon, accueillit aussi avec une grande amitié Josepha portant son enfant entre ses bras.

Jeronimo et Josepha sentaient des pensées bizarres s'agiter dans leurs cœurs. En se voyant traités avec tant de confiance et de bonté, ils ne savaient ce qu'ils devaient penser du passé; la place des exécutions, la prison et la cloche, leur semblaient un rêve. On eût dit que la terrible secousse qui avait ébranlé tous les cœurs, les avait tous réconciliés. Le souvenir ne pouvait se reporter plus loin dans le passé. Dona Elisabeth seulement, qui avait été le matin invitée à aller voir passer le cortége chez une de ses amies et avait refusé, fixait sur Josepha des regards étonnés; mais l'événement qui avait causé le malheur général ramenait bientôt sur le présent son âme qui s'en était un instant éloignée.

On raconta en détail le bouleversement de Saint-Iago. Après la première secousse, la ville avait été remplie de femmes qui bientôt furent écrasées sous les yeux de leurs maris. Les moines, le crucifix à la main, s'étaient élancés dans les rues en s'écriant que la fin du monde arrivait. Des gardes ayant voulu, sur l'ordre du vice-roi, faire évacuer une église, on avait répondu : « Il n'y a plus de vice-roi du Chili. » Au milieu des momens les plus horribles, ce gouverneur s'était vu obligé de faire dresser des potences pour mettre un frein à l'avidité des pillards. Un innocent malheureux, se sauvant d'une maison dévorée par les flammes, avait été arrêté par le propriétaire et pendu.

Dona Elvire demanda à Josepha comment elle s'était sauvée dans ce jour affreux. Josepha lui raconta les principaux événemens de sa fuite et eut le bonheur de voir des larmes de sympathie couler à son récit. Dona Elvire lui prit les mains dans les siennes, les serra tendrement, et interrompit sa triste relation par les marques du plus tendre intérêt. Josepha se crut déjà dans le séjour immortel des bienheureux. Un sentiment qu'elle ne pouvait étouffer lui présentait ce jour qui venait de passer, laissant tant de misère au monde, comme un bienfait plus grand que tout ce qu'elle devait déjà au ciel. Et en effet, au milieu de cette misère, dans laquelle tous les biens terrestres des hommes avaient été détruits, et où la nature entière avait été ébranlée, l'esprit humain semblait être demeuré debout comme une fleur au milieu des champs. De tous côtés, aussi loin que l'œil pouvait atteindre, on voyait des hommes de tous les états couchés les uns auprès des autres. Des princes et des gueux, des dames et des paysannes, des administrateurs et des journaliers, des moines et des religieuses souffraient tous les mêmes maux, se portaient secours mutuellement, partagéaient avec amitié ce qu'ils avaient pu sauver pour l'entretien de leur existence, comme si le malheur commun qui les avait accablés en eût fait une seule famille.

A la place de ces conversations futiles, qui occupent ordinairement les loisirs du monde, on entendait le récit d'actions extraordinaires; des hommes que jusqu'alors la société avait méprisés, s'étaient montrés doués d'une grandeur d'âme vraiment romaine; on citait mille exemples de fermeté, de mépris du danger, d'abnégation de soi-même et de dévoûment admirable; dans cet instant terrible l'on avait risqué sa propre vie avec le même sang-froid que s'il s'agissait d'un bien de peu de valeur qu'on peut facilement recouvrer. Mais il n'y avait pas une personne à qui il ne fût arrivé quelque touchante aventure, ou bien qui n'eût montré quelque passion généreuse, en sorte que dans tous les cœurs la douleur était mêlée d'un certain sentiment de satisfaction; et en somme, si le bien général avait diminué considérablement d'une part, il était hypothétique qu'il n'avait pas moins été accru de l'autre.

Jeronimo, après avoir long-temps prêté une silencieuse attention à ces récits et à ces remarques, prit à part Josepha, et l'emmenant avec vivacité sous l'ombre du grenadier, il la fit asseoir auprès de lui.

« Cet accord unanime des cœurs, lui dit-il, m'ôte toute envie de retourner en Europe ; si le vice-roi est encore vivant, j'irai me jeter à ses pieds : il s'est toujours montré favorable à ma cause ; j'ai le plus grand espoir d'obtenir mon pardon et de rester ici avec toi. » En disant ces paroles, il la serra contre son sein et imprima un doux baiser sur sa bouche.

« La même pensée, répondit Josepha, s'est présentée à mon esprit ; je ne doute pas non plus que mon père ne me pardonne, s'il vit encore. Mais, malgré cette nouvelle résolution, je crois que nous ferons bien de nous rendre à la Conception et d'implorer de là notre pardon, parce qu'en tout cas nous serons près du rivage, et d'ailleurs la distance de Saint-Iago n'est pas longue ; si la réponse est favorable, nous serons bientôt de retour. »

Jeronimo approuva la sagesse de cette mesure, et après s'être encore un moment promenés dans les allées du bosquet, ils rejoignirent le reste de la société.

Cependant le soleil de midi dardait déjà ses rayons brûlans, et les pauvres fugitifs commençaient à peine à sentir leur courage renaître après une nuit passée sur le sol recouvert de gazon. Mais tout-à-coup se répandit la nouvelle que dans l'église des Dominicains, la seule qui fût restée debout, le prélat du couvent allait lui-même célébrer une grand'messe pour implorer du ciel l'éloignement de nouvelles calamités. La foule se mit aussitôt en mouvement de toutes parts et se précipita comme les flots d'un torrent vers la ville. Dans la société de don Fernando, on agita aussi la question de savoir s'il convenait de se joindre aux autres. Dona Elisabeth rappela avec quelque frayeur l'événement arrivé la veille dans l'église.

« Sans doute, ajouta-t-elle, on réitérera cette fête, et l'on pourra d'autant mieux alors se livrer aux élans de la reconnaissance, que le mal sera plus éloigné.

— Jamais, dit Josepha en se levant avec une sorte d'enthousiasme, jamais plus qu'aujourd'hui je ne me sentis disposée à me prosterner la face contre terre devant le Créateur; car jamais je ne le vis déployer sa puissance incompréhensible et toute grande comme dans ce jour désastreux. »

Dona Elvire appuya avec vivacité l'opinion de Josepha. Il fut donc résolu qu'on entendrait la messe, et toute la société se leva pour partir.

Dona Élisabeth elle-même voulut se lever, mais une vive douleur et de fâcheux pressentimens, qui s'emparaient de son esprit malgré elle, la forcèrent de demeurer. Josepha lui offrit de prendre encore une fois son petit enfant qui pleurait, et Elisabeth y ayant consenti, don Fernando partit avec Josepha; Jeronimo, portant le petit Philippe, conduisait dona Constance. Les autres membres de la société, qui s'étaient joints à eux, suivaient, et, dans cet ordre, ils se dirigèrent vers la ville.

Lorsqu'ils entrèrent dans l'église des Dominicains, l'orgue faisait entendre une superbe harmonie, et une foule innombrable se précipitait dans l'enceinte sacrée. Les flots du peuple s'étendaient au loin devant le portail sur la place de l'église, et le long des murailles, au-dessus des tableaux, étaient suspendus de jeunes enfans le bonnet à la main, dans l'attente la plus anxieuse.

Tous les lustres resplendissaient de lumières dans l'église; les piliers jetaient au loin une ombre épaisse, et les vitraux, peints en rose, donnaient à tout cet intérieur l'apparence d'un beau coucher du soleil, quand les derniers rayons de cet astre colorent d'une teinte de feu les nuages épars. Et dès que l'orgue eût cessé de se faire entendre, le silence le plus parfait régna au milieu de cette foule. Jamais des hommages plus vrais, une piété plus sincère, ne s'élevèrent d'aucune église, tels que ceux qui, de l'église de Saint-Iago, s'adressaient alors au ciel; et nul cœur n'était en ce moment plus profondément ému que ceux de Josepha et Jeronimo.

La cérémonie commença par un

sermon prêché par l'un des plus anciens chanoines, qui l'avait composé en toute hâte. Il débuta par louer Dieu, et le remercier de ce qu'il restait encore des hommes vivans capables de lui rendre les hommages qui lui sont dus. Il décrivit ensuite ce qui était arrivé par sa volonté puissante: la justice mondaine ne saurait être plus sévère; puis, rappelant la crevasse qui s'était formée dans le dôme de l'église comme un avant-coureur de cet affreux tremblement de terre, il répandit la terreur parmi tous les assistans. Se laissant emporter par l'éloquence sacrée, il tonna contre la corruption des mœurs, compara Saint-Iago avec Sodome et Gomorrhe; et il bénit la patience infinie de Dieu, qui ne l'avait pas encore entièrement effacée du nombre des cités. Mais combien ne fut pas terrible l'effet de ce sermon sur les cœurs déjà ébranlés de nos deux fugitifs, lorsque le chanoine cita occasionellement le scandale arrivé dans le couvent des Carmélites; nomma une infamie la pitié qu'avait montrée le monde, et, dans un mouvement oratoire de la plus grande force, voua à la damnation éternelle ceux qui en avaient été les auteurs!

« Don Fernando! s'écria dona Constance, en serrant le bras de Jeronimo.

— Taisez-vous, répondit tout bas don Fernando; taisez-vous, dona; feignez de vous évanouir, afin que nous ayons un prétexte pour sortir de cette église. »

Mais avant que dona Constance eût le temps d'effectuer cette sage mesure, une voix, interrompant le prédicateur, s'écria avec force:

« Éloignez-vous, citoyens de Saint-

Iago, ces misérables impies sont là. »

Une autre voix, pleine d'effroi, s'écria : « Où ?

—Ici, » reprit un troisième; et plein d'une sainte fureur, il saisit Josepha par les cheveux avec tant de force, qu'elle serait tombée si Fernando ne l'eût retenue par le bras.

— Êtes-vous fou ? s'écria-t-il ; je suis don Fernando Ormez, fils du commandant de la ville, que vous connaissez tous.

— Don Fernando Ormez ! reprit, en se plaçant devant lui, un cordonnier qui avait travaillé pour Josepha, et la connaissait aussi bien que ses petits pieds ; qui est le père de cet enfant ? » et il se tourna vers la fille d'Asteron comme pour obtenir une réponse.

Don Fernando pâlit à cette question ; il regardait tantôt Jeronimo, tantôt l'assemblée, pour voir s'il n'y découvrirait personne de sa connaissance. Josepha, hors d'elle-même, s'écria :

« Ce n'est pas mon enfant, maître Pedrillo, comme tu le crois. » Puis, regardant Fernando avec l'expression d'une angoisse mortelle : « Ce jeune seigneur est don Fernando Ormez, fils du commandant de la ville, que vous connaissez tous.

— Qui de vous, citoyens, demanda le cordonnier, connaît ce jeune homme ? »

Au même instant une foule de voix répétèrent :

« Qui connaît Jeronimo Rugera ? Que celui qui le connaît s'avance. »

Cependant le petit Juan, effrayé par le tumulte, se mettant à pousser de grands cris, don Fernando le prit des bras de Josepha.

« C'est lui le père, s'écria aussitôt une voix.

— C'est bien Jeronimo Rugera, dit un autre.

— Voilà ces impies, ajouta un troisième; tuez-les! lapidez-les! lapidez-les! s'écrièrent de toutes parts les chrétiens assemblés dans le temple de Jésus.

— Arrêtez! hommes inhumains, interrompit alors Jeronimo; si c'est Jeronimo Rugera que vous cherchez, le voici; délivrez cet homme, il est innocent. »

La foule, furieuse, s'arrêta frappée de l'assurance de Jeronimo; plusieurs mains lâchèrent Fernando. Un officier de la marine, d'un rang supérieur, sortant alors du milieu du peuple, demanda :

« Don Fernando Ormez, contre qui dois-je vous protéger?

— Vous le voyez, don Alonzo; contre une troupe d'assassins. J'aurais été perdu si ce digne jeune homme n'avait apaisé la foule en se donnant pour Jeronimo Rugera. Si vous avez quelque pouvoir, protégez-le, ainsi que la jeune dame qui se tient à ses côtés. Quant à ce misérable, ajouta-t-il en saisissant Pedrillo, c'est lui qui est le premier moteur de tout ce tumulte.

— Don Alonzo Ouvreja, s'écria le cordonnier, je vous le demande la main sur la conscience: cette jeune fille n'est-elle pas Josepha Asteron? » Don Alonzo, qui connaissait très-bien dona Josepha, garda le silence, et plusieurs voix s'écrièrent: « C'est elle, c'est elle; tuez-la. » Josepha, remettant alors entre les bras de Fernando le petit Philippe, que Jeronimo avait jusque là porté, lui dit:

« Allez, don Fernando, sauvez vos deux enfans, et abandonnez-nous à notre sort. »

Don Fernando prit les deux enfans, et jura qu'il mourrait plutôt que de souffrir qu'on portât la main sur quelqu'un de sa société. Il prit le bras de Josepha, après avoir obtenu l'épée de l'officier, et dit à Jeronimo de le suivre avec Constance. Ils arrivèrent heureusement hors de l'église, leur fermeté ayant imposé du respect à la foule ; ils se crurent sauvés. Mais à peine furent-ils au milieu du peuple, qui se pressait sur la place, qu'on entendit une voix s'écrier avec rage :

« Citoyens, voilà Jeronimo Rugera, car je suis son père ; » et un coup de massue l'étendit sur le pavé à côté de dona Constance.

« Jésus Maria ! » s'écria dona Constance en fuyant vers son beau-frère.

« Misérable fille, honte du couvent! » et tandis que ces mots retentissaient, un second coup de massue la jeta sans vie sur le corps de Jeronimo.

« Malheureux! s'écria un inconnu; c'était dona Constance Xarès!

— Pourquoi nous trompez-vous? répondit le cordonnier; cherchez la coupable et montrez-la-nous! »

Don Fernando devint furieux en voyant tomber le corps de Constance; il agita son épée avec force, et il eût sans doute puni l'assassin, si par un bond celui-ci n'eût évité ses coups donnés au hasard. Cependant il ne pouvait résister seul à la foule qui l'entourait. Josepha, le quittant alors, s'écria: « Adieu, don Fernando; ayez soin des enfans; » et se jetant au-devant de la foule, pour terminer cette lutte: « Tigres avides de sang, me voici, tuez-moi. » Maître Pedrillo la renversa d'un coup de massue. Puis, tout couvert de son sang, qui avait jailli avec force :

« Envoyez son bâtard la rejoindre en enfer ! » s'écria-t-il, tandis que ses yeux brillaient d'une manière hideuse, et que ses regards cherchaient une nouvelle victime.

Don Fernando, héros véritable, était alors le dos appuyé contre l'église. De son bras gauche il portait les enfans, dans sa main droite était son épée. Sept de ces sanguinaires sauvages étaient couchés morts à ses pieds; le chef de cette bande infernale était lui-même blessé. Mais Pedrillo ne se lassa point qu'il n'eût réussi à saisir par les pieds l'un des enfans, qu'il mit en pièces, en le lançant avec force contre un pilier de l'église. Alors tout rentra dans le silence, et la foule se dispersa. Don Fernando, voyant son petit Juan, dont la cervelle avait jailli sur le pavé, se sentit excité d'une douleur affreuse; levant les yeux vers le ciel, il demeura comme frappé de la foudre. L'officier de la marine, s'approchant de lui, chercha à lui offrir des consolations, l'assurant que c'était un malheur inévitable, et que son inaction, dont il se repentait vivement, avait été commandée par les circonstances. Don Fernando n'avait aucun reproche à lui faire, il le pria seulement de l'aider à rendre les derniers devoirs à ces malheureuses victimes.

Dans l'obscurité de la nuit on les transporta dans la demeure de don Alonzo; Fernando les accompagna, emportant avec lui le petit Philippe. Il passa la nuit chez don Alonzo, rêvant aux moyens d'instruire son épouse de toutes ces horreurs. Lorsqu'il lui en fit le récit quelque temps après, cette digne dona répandit des larmes abondantes sur le triste sort de son enfant et de ces malheureuses victimes du fanatisme religieux. Don Fernando adopta le petit étranger, et dans la suite, lorsqu'il considérait Philippe, et réfléchissait à la manière dont il avait eu cet enfant, il lui semblait presque qu'il dût s'en réjouir.

FIN DU SECOND VOLUME.

TABLE
DU SECOND VOLUME.

MICHEL KOHLHAAS.

LA MARQUISE D'O....

Chez le même Libraire.

MATINÉES SUISSES, Contes de Henry Zschokke, traduits par A. L. et J. Cherbuliez. Seconde Série. 4 vol. in-12. 10 fr.

— Les mêmes, troisième Série ; Une Vie de Poète, par Tieck, etc. 4 vol. in-12. [illegible]

BIBLIOTHÈQUE DE LA JEUNESSE, par Miss Edgeworth, Miss Barbauld, Pestalozzi, etc. 8 vol. in-12. 16 f.

PARIS, IMPRIMERIE DE DECOURCHANT.

www.ingramcontent.com/pod-product-compliance
Lightning Source LLC
LaVergne TN
LVHW012329100826
845148LV00017B/543